O Cristo Cósmico
e os Essênios

COLEÇÃO A OBRA-PRIMA DE CADA AUTOR

O Cristo Cósmico e os Essênios

Huberto Rohden

2ª EDIÇÃO

MARTIN CLARET

© *Copyright* desta edição: Martin Claret Leonardo, 2011.
Ano da primeira publicação: 1993.

DIREÇÃO
Martin Claret

PRODUÇÃO EDITORIAL
Carolina Marani Lima / Mayara Zucheli

DIAGRAMAÇÃO
Giovana Gatti Leonardo

DIREÇÃO DE ARTE
José Duarte T. Castro

CAPA
Ilustração: Melinda Stodola / Shutterstock

MIOLO
Revisão: Pedro Baraldi
Impressão e acabamento: Renovagraf

Este livro segue o novo Acordo Ortográfico da Língua Portuguesa.

Dados Internacionais de Catalogação na Publicação (CIP)
(Câmara Brasileira do Livro, SP, Brasil)

Rohden, Huberto, 1893-1981.
    O Cristo Cósmico e os Essênios / Huberto Rohden — 2. ed. — São Paulo: Martin Claret, 2011. — (Coleção a obra-prima de cada autor; 313)

"Texto integral"
ISBN: 978-85-7232-144-0

1. Espiritualidade - Filosofia 2. Jesus Cristo - Miscelânea I. Título. II. Série.

| 11-09137 | CDD-291-4 |

Índices para catálogo sistemático:

1. Espiritualidade: Religião   291.4

EDITORA MARTIN CLARET LTDA.
Rua Alegrete, 62 – Bairro Sumaré – CEP: 01254-010 – São Paulo – SP
Tel.: (11) 3672-8144
www.martinclaret.com.br
4ª reimpressão – 2017

Sumário

Palavras do editor 7

O CRISTO CÓSMICO E OS ESSÊNIOS

Advertência 15
Prefácio do editor 17

PRIMEIRA PARTE

O mistério da eterna fascinação do Cristo 23
Os Escritos Essênios do Mar Morto e suas relações com
    os Evangelhos 25
Os Essênios — A Comunidade de Qumran 38
Nos rastros do Cristo Cósmico 52
Que é o Cristo Cósmico? 59
Por que o Cristo Cósmico se fez carne... 62
O Cristo Interno 66
O que Paulo de Tarso pensava do Cristo Cósmico 69
O Cristo Cósmico à luz do *Quinto Evangelho* 72
Do Cristo Cósmico e do Cristo Telúrico 74

Segunda parte

O Cristo Cósmico no *Evangelho de Tomé* 79
O Cristo Cósmico no *Apócrifo de Tiago* 103
O Cristo Cósmico no *Evangelho de Pedro* 111
O Cristo Cósmico nos Atos de João 119

Terceira parte

O semblante de Jesus (Na História) 129
O semblante de Jesus (No Evangelho) 153

Dados biográficos 175
Relação de obras do prof. Huberto Rohden 178

PALAVRAS DO EDITOR

A história do livro e a coleção "A obra-prima de cada autor"

MARTIN CLARET

Que é o livro? Para fins estatísticos, na década de 1960, a Unesco considerou o livro "uma publicação impressa, não periódica, que consta de no mínimo 56 páginas, sem contar as capas".

O livro é um produto industrial. Mas também é mais do que um simples produto. O primeiro conceito que deveríamos reter é o de que o livro como objeto é o veículo, o suporte de uma informação. O livro é uma das mais revolucionárias invenções do homem.

A *Enciclopédia Abril* (1972), publicada pelo editor e empresário Victor Civita, no verbete "livro" traz concisas e importantes informações sobre a história do livro. A seguir, transcrevemos alguns tópicos desse estudo didático.

O livro na Antiguidade

Antes mesmo que o homem pensasse em utilizar determinados materiais para escrever (como, por exemplo, fibras vegetais e tecidos), as bibliotecas da Antiguidade estavam repletas de textos gravados em tabuinhas de barro cozido. Eram os primeiros "livros", depois progressivamente modificados até chegarem a ser feitos — em grandes tiragens — em papel impresso mecanicamente, proporcionando facilidade de leitura e transporte. Com eles, tornou-se possível, em todas as épocas, transmitir fatos, acontecimentos históricos, descobertas, tratados, códigos ou apenas entretenimento.

Como sua fabricação, a função do livro sofreu enormes modificações dentro das mais diversas sociedades, a ponto de constituir uma mercadoria especial, com técnica, intenção e utilização determinadas. No moderno movimento editorial das chamadas sociedades de consumo, o livro pode ser considerado uma mercadoria cultural, com maior ou menor significado no contexto socioeconômico em que é publicado. Como mercadoria, pode ser comprado, vendido ou trocado. Isso não ocorre, porém, com sua função intrínseca, insubstituível: pode-se dizer que o livro é essencialmente um instrumento cultural de difusão de ideias, transmissão de conceitos, documentação (inclusive fotográfica e iconográfica), entretenimento ou ainda de condensação e acumulação do conhecimento. A palavra escrita venceu o tempo, e o livro conquistou o espaço. Teoricamente, toda a humanidade pode ser atingida por textos que difundem ideias que vão de Sócrates e Horácio a Sartre e McLuhan, de Adolf Hitler a Karl Marx.

Espelho da sociedade

A história do livro confunde-se, em muitos aspectos, com a história da humanidade. Sempre que escolhem frases e temas, e transmitem ideias e conceitos, os escritores estão elegendo o que consideram significativo no momento histórico e cultural que vivem. E, assim, fornecem dados para a análise de sua sociedade. O conteúdo de um livro — aceito, discutido ou refutado socialmente — integra a estrutura intelectual dos grupos sociais.

Nos primeiros tempos, o escritor geralmente vivia em contato direto com seu público, que era formado por uns poucos letrados, já cientes das opiniões, ideias, imaginação e teses do autor, pela própria convivência que tinham com ele. Muitas vezes, mesmo antes de o texto ser redigido, as ideias nele contidas já haviam sido intensamente discutidas pelo escritor e parte de seus leitores. Nessa época, como em várias outras, não se pensava na enorme porcentagem de analfabetos. Até o século XV, o livro servia exclusivamente a uma pequena minoria de sábios e estudiosos que constituíam os círculos intelectuais (confinados aos mosteiros durante o começo da Idade Média) e que tinham acesso às bibliotecas, cheias de manuscritos ricamente ilustrados.

Com o reflorescimento comercial europeu, nos fins do século XIV burgueses e comerciantes passaram a integrar o mercado livreiro da época. A erudição laicizou-se e o número de escritores aumentou, surgindo também as primeiras obras escritas em línguas que não o latim e o grego (reservadas aos textos clássicos e aos assuntos considerados dignos de atenção). Nos séculos XVI e XVII, surgiram diversas literaturas nacionais, demonstrando, além do florescimento intelectual da época, que a população letrada dos países europeus estava mais capacitada a adquirir obras escritas.

Cultura e comércio

Com o desenvolvimento do sistema de impressão de Gutenberg, a Europa conseguiu dinamizar a fabricação de livros, imprimindo, em cinquenta anos, cerca de 20 milhões de exemplares para uma população de quase 100 milhões de habitantes, cuja maioria era analfabeta. Para a época, isso significou enorme revolução, demonstrando que a imprensa só se tornou uma realidade diante da necessidade social de ler mais.

Impressos em papel, feitos em cadernos costurados e posteriormente encapados, os livros tornaram-se empreendimento cultural e comercial: os editores passaram logo a se preocupar com melhor apresentação e redução de preços. Tudo isso levou à comercialização do livro. E os livreiros baseavam-se no gosto do público para imprimir, principalmente obras religiosas, novelas, coleções de anedotas, manuais técnicos e receitas.

Mas a porcentagem de leitores não cresceu na mesma proporção que a expansão demográfica mundial. Somente com as modificações socioculturais e econômicas do século XIX — quando o livro começou a ser utilizado também como meio de divulgação dessas modificações e o conhecimento passou a significar uma conquista para o homem, que, segundo se acreditava, poderia ascender socialmente se lesse — houve um relativo aumento no número de leitores, sobretudo na França e na Inglaterra, onde alguns editores passaram a produzir obras completas de autores famosos a preços baixos. O livro era então interpretado como símbolo de liberdade, conseguida por conquistas culturais. Entretanto, na maioria dos países, não houve nenhuma grande modificação nos índices porcentuais até o fim da Primeira Guerra Mundial (1914-1918), quando surgiram as primeiras grandes tiragens de um só livro, principalmente romances, novelas e textos didáticos. O número elevado de cópias, além de baratear o preço da unidade, difundiu ainda mais a literatura. Mesmo assim, a maior parte da população de muitos países continuou distanciada do livro, em parte porque ele tinha sido durante muitos séculos considerado objeto raro, atingível somente por um pequeno número de eruditos. A grande massa da população mostrou maior receptividade aos jornais, periódicos e folhetins, mais dinâmicos e atualizados, e acessíveis ao poder aquisitivo da grande maioria. Mas isso não chegou a ameaçar o livro como símbolo cultural de difusão de ideias, como fariam, mais tarde, o rádio, o cinema e a televisão.

O advento das técnicas eletrônicas, o aperfeiçoamento dos métodos fotográficos e a pesquisa de materiais praticamente imperecíveis fazem alguns teóricos da comunicação de massa pensarem em um futuro sem os livros tradicionais (com seu formato quadrado ou retangular, composto de folhas de papel, unidas umas às outras por um dos lados). Seu conteúdo e suas mensagens (racionais ou emocionais) seriam transmitidos por outros meios, como por exemplo microfilmes e fitas gravadas.

A televisão transformaria o mundo todo em uma grande "aldeia" (como afirmou Marshall McLuhan), no momento em que todas as sociedades decretassem sua prioridade em relação aos textos escritos. Mas a palavra escrita dificilmente deixaria de ser considerada uma das mais importantes heranças culturais, entre todos os povos.

Através de toda a sua evolução, o livro sempre pôde ser visto como objeto cultural (manuseável, com forma entendida e interpretada em função de valores plásticos) e símbolo cultural (dotado de conteúdo, entendido e interpretado em função de valores semânticos). As duas maneiras podem fundir-se no pensamento coletivo, como um conjunto orgânico (onde texto e arte se completam, por exemplo, em um livro de arte) ou apenas como um conjunto textual (onde a mensagem escrita vem em primeiro lugar — em um livro de matemática, por exemplo).

A mensagem (racional, prática ou emocional) de um livro é sempre intelectual e pode ser revivida a cada momento. O conteúdo estático em si, dinamiza-se em função da assimilação das palavras pelo leitor, que pode discuti-las, reafirmá-las, negá-las ou transformá-las. Por isso, o livro pode ser considerado instrumento cultural capaz de liberar informação, sons, imagens, sentimentos e ideias através do tempo do espaço. A quantidade e a qualidade de ideias colocadas em um texto podem ser aceitas por uma sociedade, ou por ela negadas, quando entram em choque com conceitos ou normas culturalmente admitidos.

Nas sociedades modernas, em que a classe média tende a considerar o livro como sinal de *status* e cultura (erudição), os compradores utilizam-no como símbolo, mesmo desvirtuando suas funções ao transformá-lo em livro-objeto. Mas o livro é, antes de tudo, funcional — seu conteúdo é que lhe dá valor (os livros de ciências, filosofia, religião, artes, história e geografia, que representam cerca de 75% dos títulos publicados anualmente em todo o mundo).

O mundo lê mais

No século XX, o consumo e a produção de livros aumentaram progressivamente. Lançado logo após a Segunda Guerra Mundial (1939-1945), quando uma das características principais da edição de um livro era as capas entreteladas ou cartonadas, o livro de bolso constituiu um grande êxito comercial. As obras — sobretudo *best-sellers* publicados algum tempo antes em edições de luxo — passaram a ser impressas em rotativas, como as revistas, e distribuídas nas bancas de jornal. Como as tiragens elevadas permitiam preços muito baixos, essas edições de bolso popularizaram-se e ganharam importância em todo o mundo.

Até 1950, existiam somente livros de bolso destinados a pessoas de baixo poder aquisitivo; a partir de 1955, desenvolveu-se a categoria do livro de bolso "de luxo". As características principais destes últimos eram a abundância de coleções — em 1964 havia mais de duzentas, nos Estados Unidos — e a variedade de títulos, endereçados a um público intelectualmente mais refinado. A essa diversificação das categorias adiciona-se a dos pontos de venda, que passaram a abranger, além das bancas de jornal, farmácias, lojas, livrarias, etc. Assim, nos Estados Unidos, o número de títulos publicados em edições de bolso chegou a 35 mil em 1969, representando quase 35% do total dos títulos editados.

Enciclopédia Abril, vol. 7. São Paulo: Abril, 1973, p. 2840-2842.

Proposta da coleção
"A obra-prima de cada autor"

"Coleção" é uma palavra há muito tempo dicionarizada e define o conjunto ou reunião de objetos da mesma natureza ou que têm alguma relação entre si. Em um sentido editorial, significa o conjunto não limitado de obras de autores diversos, publicado por uma mesma editora, sob um título geral indicativo de assunto ou área, para atendimento de segmentos definidos do mercado.

A coleção "A obra-prima de cada autor" corresponde plenamente à definição acima mencionada. Nosso principal objetivo é oferecer, em formato de bolso, a obra mais importante de cada autor, satisfazendo o leitor que procura qualidade.*

Desde os tempos mais remotos existiram coleções de livros. Em Nínive, em Pérgamo e na Anatólia existiam coleções de obras literárias de grande importância cultural. Mas nenhuma delas superou a célebre biblioteca de Alexandria, incendiada em 48 a.C. pelas legiões de Júlio César, quando estas arrasaram a cidade.

A coleção "A obra-prima de cada autor" é uma série de livros a ser composta por mais de 400 volumes, em formato de bolso, com preço altamente competitivo, e pode ser encontrada em centenas de pontos de vendas. O critério de seleção dos títulos foi o já estabelecido pela tradição e pela crítica especializada. Em sua maioria, são obras de ficção e filosofia, embora possa haver textos sobre religião, poesia, política, psicologia e obras de autoajuda. Inauguram a coleção quatro clássicos: *Dom Casmurro*, de Machado de Assis; *O Príncipe*, de Maquiavel; *Mensagem*, de Fernando Pessoa; e *O lobo do mar*, de Jack London.

Nossa proposta é fazer uma coleção quantitativamente aberta. A periodicidade é mensal. Editorialmente, sentimo-nos orgulhosos de poder oferecer a coleção "A obra-prima de cada autor" aos leitores brasileiros. Nós acreditamos no poder do livro.

---

* Atendendo a sugestões de leitores, livreiros e professores, a partir de certo número da coleção, começamos a publicar, de alguns autores, outras obras além da sua obra-prima.

O Cristo Cósmico e os Essênios

Advertência

A substituição da tradicional palavra latina *crear* pelo neologismo moderno *criar* é aceitável em nível de cultura primária, porque favorece a alfabetização e dispensa esforço mental — mas não é aceitável em nível de cultura superior, porque deturpa o pensamento.

Crear é a manifestação da Essência em forma de existência — *criar* é a transição de uma existência para outra existência.

O Poder Infinito é o *creador* do Universo — um fazendeiro é *criador* de gado.

Há entre os homens gênios *creadores*, embora não sejam talvez *criadores*.

A conhecida lei de Lavoisier diz que "na natureza nada se *crea* e nada se aniquila, tudo se transforma"; se grafarmos "nada se *crea*", esta lei está certa, mas se escrevemos "nada se *cria*", ela resulta totalmente falsa.

Por isso, preferimos a verdade e clareza do pensamento a quaisquer convenções acadêmicas.

Prefácio do editor

O filósofo e educador brasileiro professor Huberto Rohden, falecido em 1981, autor deste livro, foi certamente um dos maiores estudiosos e conhecedores da vida de Jesus, o Cristo. Rohden biografou magnificamente o Homem de Nazaré em seu trabalho intitulado Jesus Nazareno, publicado pela primeira vez em 1935 e que está, hoje, na 10ª edição.

O professor Rohden tem, ainda, a seu crédito nesta pesquisa cristológica a sua famosa tradução do Novo Testamento, feita diretamente do texto grego do primeiro século e toda versada numa linguagem simples e atualizada. Esta obra foi publicada pela nossa editora, em 1976, com o nome de *A Mensagem Viva do Cristo*, onde aparecem apenas os quatro evangelhos comentados.

Em 1970, Huberto Rohden publicou um pequeno volume intitulado "Que vos parece do Cristo?", onde os estudos cristológicos alcançam um dos seus graus máximos. Nesta obra, Rohden converge plenamente para o mesmo Cristo Cósmico de Teilhard de Chardin, outro jesuíta atingido pela eterna fascinação do Cristo, ou Ponto Ômega na terminologia chardineana.

O presente livro — *O Cristo Cósmico e os Essênios* — é uma coletânea de textos de Rohden, alguns inéditos e outros já publicados, todos pertinentes ao tema cristológico. Na Primeira Parte, além do original "Os Escritos Essênios do Mar Morto e sua Relação com os Evangelhos", foram inseridos outros trabalhos do filósofo sobre o Cristo Cósmico. Na segunda parte, são publicados os evangelhos apócrifos de Tomé, Tiago, Pedro e João. Destes, *O Quinto Evangelho segundo Tomé* tem tradução do próprio Rohden.

Na terceira parte, encontra-se um trabalho que sempre mereceu grande atenção e elogios por parte de Rohden e que complementa seus escritos aqui agrupados. Trata-se dos capítulos "O semblante de Jesus na História" e "O semblante de Jesus nos Evangelhos", de autoria do místico-poeta-filósofo russo Dmitry Merejkovsky, extraídos do seu livro *Jesus Desconhecido (Jésus Inconnu)*, traduzido do francês por Gustavo Barroso e publicado em 1935 pela Companhia Editora Nacional.

Sobre esta obra tivemos muitas conversas com Rohden e juntos, participamos de "banquetes" espirituais ao comentarmos e falarmos das ideias e do conteúdo do livro de Merejkovsky. Esse autor, como outros escritores russos, conhecia intuitivamente o mistério do Cristo e soube dizê-lo muito bem ao mundo com sua alma de poeta e filósofo. Huberto Rohden admirava profundamente esse escritor e santo da Rússia.

Como pensador e exegeta, Huberto Rohden tinha sempre o interesse de megulhar no "mistério da eterna fascinação do Cristo" que, para ele, é uma autofascinação em ínfima potência". Aliás, é o que afirma no Prefácio da obra "Que vos parece do Cristo?", aqui reproduzido na íntegra, também como prefácio. Proclama Rohden: "Livros sem conta se têm escrito sobre o Cristo. Amor sem medida se tem jurado ao Cristo. E, no entanto, eternamente enigmático é o motivo dessa fascinação do Cristo. (...) Todo o homem é inconscientemente o que o Cristo é conscientemente — e o que nós somos potencialmente. A fascinação que sentimos em face do Cristo é a visão do nosso próprio Eu, se fosse plenamente realizado. Esse Eu do Cristo Interno, sempre realizando, e jamais realizado..."

Temos a esperança de que a mensagem deste livro atinja todos aqueles seres espiritualmente receptivos e maduros e que a força dinâmica do Cristo Cósmico imanente em cada um de nós potencialize as nossas vidas no sentido, de mais Vida. Que a promessa de Cristo: "Eu vim para que tenhais mais Vida..." seja uma permanente inspiração para nossa própria autorrealização.

Este livro é um poderoso método de cristoterapia.

Primeira parte

O mistério da eterna fascinação do Cristo

Livros sem conta se têm escrito sobre o Cristo.
Amor sem medida se tem jurado ao Cristo.

E, no entanto, eternamente enigmático é o motivo dessa fascinação do Cristo.

Tentaremos desvendar cautelosamente o porquê desse fascínio.

Todo o homem é inconscientemente o que o Cristo é conscientemente — e o que nós somos potencialmente.

A fascinação que sentimos em face do Cristo é a visão do nosso próprio Eu, se fosse plenamente realizado.

Esse Eu do Cristo Interno, sempre realizável e sempre realizando, e jamais realizado...

Fascina-nos o próprio ego humano na visão longínqua do Eu crístico.

Fascina-nos a planta dormente na semente.

Sentimos o doloroso anseio de sermos explicitamente o que somos apenas implicitamente.

Contemplamos o nosso "sopro divino" embrionário na adultez da "imagem e semelhança de Deus".

Vislumbramos o que poderíamos ser — e ainda não somos.

"Vós fareis as mesmas obras que eu faço, e fareis obras maiores do que estas."

Como nos fascinam estas palavras!

Soam como sinos a tanger em praias longínquas.

Como convites para uma solenidade transcendental.
Como enlevos de amor mesclados de dor.
Como uma alvorada de luz num ocaso de trevas.
O nosso Cristo-amor é um autoamor em outra dimensão.
É amar o nosso Cristo Interno no Cristo Eterno.
Todo o autoamor, que parece aloamor, é um Teoamor.

Se nunca ninguém se realizara plenamente, como poderíamos ansiar por nossa autorrealização?

Agora vislumbramos em espelho e enigma o que esperamos contemplar face a face.

Toda a fascinação do Cristo é uma autofascinação em ínfima potência.

É uma resposta à eterna pergunta: Que é o Homem?

Os Escritos Essênios do Mar Morto e sua relações com os Evangelhos

Era o ano de 1947.
Um jovem pastor árabe pastoreava os rebanhos de seus pais, nas planícies que se estendem ao noroeste do Mar Morto, chamadas Qumran, não longe do ponto em que o Jordão desemboca nesse lago betuminoso. Por mero desenfado, o pastorzinho jogou uma pedra para dentro duma das numerosas cavernas dum elevado paredão rochoso. Com espanto ouviu o eco de um som oco, como se um vaso espoucasse em consequência da pedrada. Espavorido, fugiu do lugar, onde pareciam habitar maus espíritos. Foi contar a alguém o motivo da sua fuga.

Esse alguém buscou uma escada, encostou-a no paredão e penetrou na caverna, onde encontrou diversos potes de argila, um deles quebrado. Cada um dos vasos continha largas tiras de couro cobertas de caracteres estranhos.

Algumas dessas tiras foram parar nas mãos de um sapateiro, que as guardou na sapataria, na intenção de usá-las, oportunamente, para remendar sapatos.

Quis, porém, o bom destino que não cortasse esses couros, que adquirira o pastorzinho por preço irrisório.

Um chefe espiritual da zona chegou a saber do caso.

Adquiriu parte das tiras de couro de Qumran e reconheceu que se tratava de documentos antiquíssimos que remontavam a uma época anterior à Era Cristã.

Dentro em breve, o mundo científico dos cinco continentes

do globo estaria em polvorosa. Um americano adquiriu parte dos documentos pelo preço de 250.000 dólares. Em 1949 ou 1950, eu vi esses pergaminhos expostos na Biblioteca do Congresso de Washington, no tempo em que lecionava Filosofia na capital federal dos Estados Unidos. Os preciosos documentos estavam resguardados por detrás de paredes de vidro e devidamente policiados. Milhares e milhares de visitantes viram esses escritos mais antigos que a humanidade possui em originais, remontando a um ou dois séculos antes de Cristo.

Pouco a pouco, os peritos conseguiram decifrar os estranhos caracteres; alguns tópicos se referem às palavras do grande profeta Isaías, que viveu durante o exílio babilônico, cerca de 600 anos antes de Cristo. Outros textos representam usos e costumes de uma sociedade místico-ascética de judeus dissidentes, chamados Essênios ou Terapeutas.

A comunidade dos Essênios não simpatizava com o espírito do judaísmo oficial nem frequentava o templo de Jerusalém, mas vivia entre Jerusalém, Jericó e o Mar Morto, numa vida solitária de grande rigor ascético, alimentando-se de frutas e ervas.

Numerosas passagens desses escritos essênios dizem as mesmas verdades espirituais que conhecemos pelos evangelhos; alguns tópicos são quase literalmente idênticos às correspondentes palavras de Jesus — e, no entanto, esses documentos nasceram antes do Nazareno.

Daí o fascinante mistério que envolve os escritos recentemente encontrados em Qumran.

Qual é a explicação?

Nas sombras de um grande mistério

Como se explica essa surpreendente semelhança entre certos textos evangélicos e os documentos essênios do Mar Morto? Como é que Mateus, Marcos e Lucas, e em parte João, referindo palavras de Jesus de Nazaré, se servem de palavras parecidas e, por vezes, idênticas às dos escritos essênios?

Devem os evangelistas ser considerados como plagiários dos Essênios? Faziam eles mesmos parte da comunidade desses eremitas solitários? E não parece que o próprio Jesus recebeu a sua sabedoria espiritual desses monges? Não teria o Nazareno convivido com eles durante os dezoito anos, entre os 12 e os 30 anos, a respeito dos quais os evangelhos fazem total silêncio?

Não parece que o berço do cristianismo se ache às margens do Mar Morto? E que o cristianismo deve ser chamado essênio?

E por que Jesus e os evangelistas nunca se referem, com uma só palavra, aos Essênios? Por que no Evangelho aparecem as seitas dos Fariseus e Saduceus, e nunca as dos Essênios?

Mistérios e mais mistérios...

Desde 1947, o mundo inteiro foi inundado por uma literatura imensa que tenta elucidar a grande obscuridade.

Muitas igrejas se sentiram abaladas na sua fé tradicional.

Tentativa de uma solução

Tenho diante de mim o livro de um escritor alemão, Johannes Lehmann, intitulado *Jesus Report — Protokoll einer Verfälschung* (*Reportagem sobre Jesus — Protocolo de uma Falsificação*). Pelo simples título se depreende o que o autor pensa dos documentos essênios e dos evangelhos.

Lehmann sente-se desapontado com o silêncio que os evangelistas do primeiro século fazem em torno dos Essênios; tenta diversas soluções, mas, a meu ver, sem nenhuma resposta satisfatória. Diz tudo — menos o principal. Ziguezagueia para a direita e para a esquerda — mas não acerta com a linha reta do centro, porque parte de uma falsa "premissa maior", conhece todas as linhas horizontais em torno de Jesus de Nazaré, mas ignora a linha vertical do Cristo Cósmico; nada sabe do "Verbo que se fez carne" e, por isso, não pode compreender a carne; conhece todas as facticidades, diria Einstein, mas não conhece a Realidade.

Lehmann é, a meu ver, um representante típico de centenas

de outros escritores europeus que, sem saber, são vítimas de um lastro ideológico tradicional; não conseguem emancipar-se de um cipoal de ideias multisseculares para enxergar nitidamente a verdade. O grande médico russo Salmanoff diz, no seu livro *Le Miracle de la Vie*, que existem na Europa nada menos que "70 sistemas filosóficos", cada um dos quais obscurece ou deturpa a verdadeira Filosofia. E não valerá o mesmo no plano teológico? Lehmann, certamente, não sabe que são esses sistemas filosóficos que o impedem de encontrar uma solução plausível, no caso dos documentos essênios e dos evangelhos.

O erro fundamental de Lehmann está no fato de ele se mover exclusivamente no plano *horizontal* dos fatos históricos em torno de *Jesus* de Nazaré, ou, como ele prefere dizer, do "RabbiJ". Nenhuma vez dá a entender que conheça algo da grande vertical do Cristo, que é o tema central do evangelho de João, evangelho que ele considera como uma "aberração do caminho".

Quer explicar fatos sem se referir à Realidade donde esses fatos dimanaram. Tenta analisar as águas dos canais, mas se esquece da fonte. Pecou contra a advertência de Einstein de que "do mundo dos fatos não conduz nenhum caminho para o mundo dos valores, porque estes se acham em outra região". E dessa "outra região", do mundo dos valores, da qualidade, da realidade, o autor nada sabe. Coloca Jesus na mesma linha horizontal com os Essênios — e não encontra saída do seu cipoal ideológico. Que diríamos de um engenheiro que tentasse mover uma *turbina* com as águas de um *lago* ao mesmo nível? Por maior que seja o volume das águas de um lago, nunca moverão uma turbina, porque lhes falta o desnível, a voltagem da verticalidade, a necessária ectropia, capaz de desnivelar o nível da entropia. O *nivelamento* de Jesus com os Essênios é marcar passo na mesma horizontal; somente o *desnivelamento* entre o Cristo e Jesus ou os Essênios poderia projetar luz nessa escuridão.

Mas Lehmann tenta solver o *fato essênio* com o *fato Jesus* e acaba sempre no ponto zero, nesse eterno círculo vicioso.

Aliás, é quase geral, nas Igrejas da Europa, o vezo de identificarem simplesmente a *pessoa humana* de Jesus com a creatura cósmica do Cristo. Quando, poucos decênios atrás, apareceram os escritos de *Teilhard de Chardin* sobre o *Cristo Cósmico*, foi grande o alarme de muitos teólogos europeus. Cristo Cósmico? Que inovação é esta? Quem já ouviu falar desse tal Cristo Cósmico? Por que essa estapafúrdia distinção entre Jesus e o Cristo?

Se algum desses teólogos, sobretudo Johannes Lehmann, tivesse lido o meu recente livro *Que vos parece do Cristo?*, ter-me-ia tachado de herege ou louco — embora essa distinção esteja nos próprios evangelhos e nas epístolas de Paulo de Tarso, há quase 2.000 anos.

Se tivesse lido... Mas como o português é língua morta, fora do Brasil e de Portugal não o pode ler se não for escrito em inglês, francês ou alemão.

A solução do mistério

Qual é a razão por que Jesus e os evangelistas não se referem aos Essênios, cujos ensinamentos certamente conheciam?

É mais que provável que Jesus e João Batista tenham tido convivência com os Essênios. É possível mesmo que, durante os *40 dias* que Jesus passou no deserto, orando e jejuando, tivesse contato com Qumran, que fica na mesma região. E João Batista, donde vinha ele? Onde tinha passado a sua mocidade? O lugar onde mergulhava os pescadores fica em Jericó, e o Mar Morto, a pouca distância de Qumran.

Por que, pois, Jesus nunca se refere a seus colegas de ideal espiritual?

"A minha doutrina não é minha — é daquele que me enviou."

"As obra que eu faço não sou eu que as faço, mas é o *Pai em mim* que faz as obras; eu, de mim mesmo, nada posso fazer."

Estas e outras palavras similares de Jesus, referidas pelo

Evangelho, são a chave do mistério. Jesus nunca fala em nome de Jesus — e por que falaria em nome dos Essênios? Se a sua doutrina e as suas obras não são do Nazareno, por que seriam dos Essênios?

Quando o canal A recebe as águas do canal B, mas todas as águas vêm da fonte I (Infinito), por que deveria A mencionar B? Não bastaria dizer que suas águas vêm da fonte I?

De resto, quem pode afirmar e reivindicar para si, exclusivamente, a *paternidade* dos seus pensamentos?

Será que eu ou algum dos meus leitores podemos afirmar: Esta ideia é exclusivamente minha e de mais ninguém?

Mesmo que a nossa influência não seja consciente, quem nos garante que não haja influência inconsciente de outras pessoas? Em última análise, somos todos "plagiários". A lei proíbe o plágio direto — mas não há lei para plágios indiretos.

E seriam os *Essênios* os únicos exclusivos *genitores* das suas ideias?

Existe uma única Vida, uma única Mente, um único Espírito.

Mas esta *Fonte única* se manifesta através de *muitos canais*.

Em última análise, todos os canais finitos recebem da Fonte Infinita.

Talvez seja esta a razão por que, na antiguidade, os livros apareciam sem autor individual — a humanidade coletiva era a autora do livro.

Lehmann e outros autores congêneres sofrem dum estreito unilateralismo; acham que os ensinamentos do Evangelho *são de Jesus e foram dos Essênios*, quando, na realidade, não são destes nem daquele, mas do *Cristo Cósmico*, do espírito da Divindade que se concretizou no Verbo-Logos, a Divindade Transcendente que se manifestou no Deus Imanente. "Por ele foram feitas todas as coisas."

Já no século V, teve Santo Agostinho a inaudita clarividência de afirmar que o *cristianismo não começou com o Cristo* mas sim com o *primeiro homem* que teve *experiência de Deus* mas nesse tempo, diz Agostinho, essa experiência divina ainda não se chamava cristianismo, porque o Cristo ainda não aparecera na pessoa de Jesus de Nazaré.

Ora, se o Cristo *pré-nazareno* se revelava pelos *Essênios*, e depois se revelou no *Nazareno*, por que insistir na diferença entre Essênios e não Essênios, se a água viva da fonte única era a mesma, embora fluindo através de *canais* vários?

É erro tradicional afirmar que o Cristo fundou o cristianismo, ou até uma Igreja; não fundou Igreja nem cristianismo, que é obra de seus discípulos. O Cristo viveu, aqui na Terra, a sua grande experiência divina e dela falou durante três anos, como sendo "o reino de Deus dentro do homem". Não fundou religião nem sociedade — viveu e manifestou uma grande experiência divina.

Há quase 2.000 anos que os teólogos se digladiam em torno da controvérsia sobre Cristo ser Deus ou não — Lehmann também sofre do mesmo mal. Confunde Deus com a Divindade. O Cristo nunca se identificou com a Divindade, mas identificou-se com Deus e chegou a ponto de dizer que também nós somos deuses. A Divindade — que ele sempre chama Pai — é a única, eterna e infinita Realidade; mas, quando essa Realidade Universal se manifesta em facticidades individuais, essas manifestações individuais são chamadas de "Deus", quando conscientes e livres.

O Cristo é Deus e nós somos deuses — mas nem ele nem nós somos a Divindade.

"Eu e o Pai somos um; eu estou no Pai e o Pai está em mim — mas o Pai é maior do que eu. O Pai também está em vós, e vós estais no Pai."

Neste sentido, escreve Paulo de Tarso que Cristo é o *protótokos*, o primogênito de todas as creaturas; ele é creatura, assim como Deus é creatura; somente a Divindade não é creatura, mas unicamente creadora.

O Cristo é o "Unigênito do Pai", segundo João, o único gerado da Divindade; nós somos os "Cristos-gênitos", porque "por ele foram feitas todas as coisas, e nada do que foi feito foi feito sem ele".

Por isso, quando Jesus fala, frisa sempre que não fala em nome do seu Jesus humano, mas sim do seu Cristo divino, do Pai que está nele; não fala em nome do seu canal-Jesus, mas sim em nome da sua fonte-Cristo, porque esta fonte, o Pai, está nele.

Se Jesus tivesse se referido aos Essênios como doadores do seu Evangelho, teria afirmado a humanidade da sua mensagem, e não a sua divindade, a sua cristicidade.

Muitos dos ensinamentos de Jesus já preexistiam, não só entre os Essênios, mas também no Antigo Testamento; mas ele veio "completar" o que era incompleto. (Cuidado com as falsas traduções: *cumprir* em vez de completar, como dizem os textos gregos e latinos!) Podem os ensinamentos antigos fluir através dum canal novo, mas a fonte Eterna é uma só e sempre a mesma.

"Antes que Abraão fosse feito, eu sou."

"Glorifica-me, meu Pai, com aquela glória que eu tinha em ti, antes que o mundo existisse."

Quem eram os Essênios

O historiador romano Plínio (Sênior), nascido em 23 d.C. e morto na erupção do Vesúvio, em 79, escreveu o seguinte na *Naturalis Historia*, V, XVII, 73:

"Os Essênios vivem à margem ocidental do Mar Morto, a uma distância suficiente para serem preservados dos efeitos deletérios do lago. São uma sociedade solitária de eremitas que vivem sem mulheres; renunciaram a todo contato com Vênus e o dinheiro, tendo por únicos companheiros as palmeiras. A seus pés existia, outrora, a cidade de Engeddi [hoje, Ein Gedi]. Mais além se ergue, sobre um rochedo, a fortaleza Masada, não longe do Mar Morto."

O livro *Harpas Eternas* narra a vida desses "terapeutas" ou curadores. A palavra "essênio" é derivada do radical *assya* que, na língua deles, quer dizer curador; em grego, terapeuta

Eles se consideravam *assyas* ou curadores porque conheciam as virtudes curativas de diversas plantas; além disso, pelo poder da *concentração mental* e *contemplação espiritual*, conseguiam evitar ou curar doenças de toda espécie. Viviam em perfeita harmonia com as leis *da natureza*, que são vida e saúde. Eram vegetarianos. Praticavam a mais vasta hidroterapia. Todo essênio tomava cada manhã o seu *baptisma*, ou banho de mergulho. A essa hidroterapia associavam ainda a *helioterapia*, ou banho solar. E, graças a essas *duas fontes de vitalidade* e saúde, a água e a luz, conseguiam manter o seu corpo com vigor e juventude durante muito mais tempo do que os outros homens.

Embora os Essênios vivessem em pleno deserto, não lhes faltava *água límpida* para os seus banhos diários. Ainda hoje, não longe da embocadura do Jordão, no Mar Morto, corre uma fonte cristalina por entre os rochedos abruptos, onde os sapos fazem a sua orquestra, sobretudo em noites de Lua cheia. É bem provável que os Essênios tivessem as suas hortas e os seus pomares nas imediações dessas águas. As águas salgadas e betuminosas do Mar Morto são impróprias para irrigação e banhos. O nível do Mar Morto — provavelmente uma antiga cratera vulcânica extinta — fica a 400 metros abaixo do nível do Mediterrâneo.

Os filósofos neoplatônicos Filo e Plotino, de Alexandria, bem como o historiador judaico-romano Flávio Josefo, do primeiro século, se referem aos Essênios; mas, estranhamente, até 1947 ninguém tomava a sério essas indigitações antigas — até que, subitamente, quase por acaso, pela distração de um pastor árabe, o mundo inteiro convergiu o seu interesse para os silenciosos desertos de Qumran, ao noroeste do Mar Morto. Ultimamente, foram feitas vastas escavações em todas as redondezas. Foi descoberto um *cemitério* de cerca de mil túmulos, alguns ainda com esqueletos humanos, todos de homens, confirmando a notícia de Plínio sobre a total ausência de mulheres entre esses eremitas. Adotavam crianças para serem educadas segundo o seu espírito.

Parece que esses silenciosos desertos foram o berço ou subsolo duma vasta floração espiritual da humanidade, que, mais tarde, culminou na mensagem do profeta de Nazaré, no qual o Verbo se fez carne.

Eram os Essênios um exército de subversivos?

Lehmann, no seu citado livro *Jesus Report,* julga descobrir um motivo de silêncio relativamente aos Essênios no fato de serem eles uma espécie de "resistência secreta" aos dominadores romanos. Por motivos religiosos, os Essênios não se conformavam com a ocupação militar dos pagãos de Roma e a perda da independência nacional de Israel. E, embora pacifistas, conspiravam secretamente contra os romanos, solapando e sabotando as suas atividades. O último reduto dessa resistência subterrânea era a fortaleza de Masada, ao sudoeste do Mar Morto, destruída em 70, após a destruição de Jerusalém pelos generais romanos Tito e Vespasiano.

Ora, diz o citado autor, se Jesus fosse conhecido como essênio, poderia entrar em choque com Pôncio Pilatos, então governador romano da Palestina. Por isso, teriam os evangelistas guardado o maior segredo sobre qualquer afinidade de Jesus com os secretos subversivos do Qumran.

Por mais plausível que pareça à primeira vista, esta motivação não parece compatível com o espírito total dos evangelhos e do caráter de Jesus. O Nazareno nunca mostrou interesse pela política, nem lhe interessava a reconquista da independência nacional. O seu reino não é deste mundo, como ele declara a Pilatos; ele veio ao mundo para dar testemunho à verdade. Se o seu reino fosse deste mundo, os seus partidários lutariam certamente para que não fosse entregue a seus inimigos. Em face da caprichosa pergunta se se deve pagar tributo a César, ele responde que sim, contanto que se dê também a Deus o que é de Deus. Teria um essênio dado esta resposta? Não consideraria ele o poder romano como inimigo de Deus? Não defendiam os Essênios a ideia de uma guerra santa, de uma cruzada em nome da consciência?

No *Domingo de Ramos*, em Jerusalém, houve evidentemente uma tentativa de subversão contra o governador romano, e Pilatos deve ter estado sobre brasas quando viu as ruas da capital em polvorosa e milhares de pessoas alvoroçadas bradando: Viva o filho de Davi! Viva o rei de Israel! Os próprios discípulos atiçavam o fogo da revolução nacionalista, esperando, naturalmente, "sentar-se à direita e à esquerda", ao lado do Messias e Rei, no "reino da sua glória".

Mas o Nazareno *não aceita* a realeza de Israel, que lhe é oferecida por seu povo. Retira-se da capital em vez de organizar um corpo de resistência secreta. E, poucos dias depois, reaparece, não com a coroa real na cabeça, mas com uma coroa de espinhos; não num trono de ouro e marfim, mas agonizante no alto de uma cruz.

Como seria possível harmonizar esta atitude do Nazareno com a suposição de ter ele sido um emissário dos Essênios secretamente subversivos?

Evidentemente, o seu reino não era deste mundo. Falar de um "fracasso do seu plano político", como faz Lehmann, é negar todos os fatos históricos e desconhecer a mais profunda mentalidade do Nazareno. Um homem que, pelo menos dois anos antes de sua morte, prediz repetidas vezes que vai a Jerusalém para ser preso, condenado à morte e crucificado; um homem que diz, perante amigos e inimigos:

"Ninguém me tira a vida, eu deponho a minha vida, e eu reassumo a minha vida quando quero" — poderá esse homem ser considerado vítima de um fracasso e de uma frustração inesperada dos seus planos? Meu reino...

Naturalmente, quem só conhece o plano horizontal de Jesus de Nazaré e nada sabe das alturas verticais do Cristo Cósmico, não pode compreender a Verdade em sua totalidade.

Bem dizia Einstein: "Do mundo dos fatos não há nenhum caminho para o mundo dos valores, porque estes estão em outra região".

Em conclusão e síntese

Qualquer tentativa de compreendermos a relação entre Jesus e os Essênios, e o motivo do silêncio dos evangelistas, é de antemão fadada a uma total incompreensão, se não focalizarmos a verdade fundamental de que "o Verbo se fez carne".

Carne não explica carne, fato não explica fato...

Somente uma visão panorâmica de Jesus, o Cristo, nos faculta uma perspectiva correta para uma compreensão desse mistério.

Análises de facticidades, por mais engenhosas, não garantem compreensão total, além dessa análise de fatos, se não houver uma intuição da Realidade.

Parece que a evolução espiritual da Humanidade, através de séculos e milênios, segue o curso do Sol (astronomicamente falando: o movimento da Terra).

O Extremo Oriente, sobretudo a Índia, representa o mais antigo berço da espiritualidade que, em parte, acabou em espiritualismo, e por isso estagnou.

Segundo o curso do Sol, a evolução espiritual da humanidade passou do Extremo Oriente para o Oriente Médio, no início da Era Cristã e do signo de Peixes.

Quase vinte séculos mais tarde, no signo de Aquário, a espiritualidade ilumina o Ocidente Europeu, onde se expandiu a mensagem do Cristo, e não no Oriente, como seria de esperar.

Em fins do século XV, a onda da luz cristã atravessa o Oceano Atlântico, com Colombo, Cabral e outros, e toma conta das Américas. No maior país da América Meridional, o Brasil, a luz do Evangelho ficou quase que restrita à faixa do litoral leste. Há poucos decênios, porém, houve um avanço inesperado, e até hoje inexplicável, rumo ao oeste, rumo ao planalto central. A fundação e construção de Brasília, no espaço incrível de poucos anos, é humanamente inacreditável e somente as gerações futuras conseguirão dar explicação satisfatória a esse mito.

Na noite de 10 de agosto de 1883, um grande vidente italia

no, Dom Bosco, que nunca esteve no Brasil, teve uma visão: viu as regiões ocidentais da América Meridional, entre os grandes rios do Amazonas, do São Francisco e do Rio da Prata, numa região onde se formava um grande lago, entre os paralelos 15 e 20; viu surgir uma nova civilização espiritual.

No dia 10 de novembro de 1956 baixou um helicóptero numa clareira em plena mata, entre os paralelos 15 e 20, previstos por Dom Bosco; em plena mata foi construída uma casa de madeira, hoje chamada o "Catetinho", ponto inicial de Brasília, donde, segundo a visão, deve irradiar uma nova civilização espiritual.

Mais tarde, talvez no terceiro milênio, o sol espiritual da humanidade, cruzando a cordilheira dos Andes e a vastidão do Oceano Pacífico, e fechará o grande círculo multimilenar, iluminando o Japão, a Índia, a China, esses berços antiquíssimos da espiritualidade.

E só então compreenderá a humanidade a verdadeira significação dos escritos dos Essênios, que ligam o Oriente com o Ocidente e constituem, por assim dizer, uma pedra preciosa engastada no maravilhoso anel da evolução espiritual de gênero humano.

Os Essênios
A Comunidade de Qumran*

Os Essênios, de acordo com Fílon e Josefo, se encontravam distribuídos entre várias colônias, uma das quais era Qumran. Em sua *História Natural* — 37 livros redigidos a partir do estudo de inúmeras fontes escritas e, talvez, também com a adição de experiências vividas em sua provável viagem acompanhando Tito à Palestina, durante a Revolução de 66- -70 — Plínio, o Antigo, se refere a apenas um estabelecimento essênio, dando-lhe uma localização bastante precisa. Descreve a depressão sírio-palestina, com suas aldeolas em ambas as margens, e chega até o Mar Morto, relatando:

---

* Este capítulo é uma complementação do anterior. Não foi propriamente escrito por Rohden, embora seu conteúdo tenha sido pesquisado e organizado por ele, a partir das edições originais *Les manuscrits de la Mer Morte*, recentemente editado no Brasil pela Cultrix, e *Les écrits esséniens découverts prés la Mer Morte*, do padre Dupont-Sommer.

Rohden havia planejado escrever um estudo completo sobre a comunidade de Qumran e o cristianismo, assunto, aliás, frequente em suas aulas.

Infelizmente, por motivos de viagem e saúde, Rohden não pôde concluir seu trabalho. Seus escritos incluídos neste livro foram organizados a partir de suas anotações. As principais fontes citadas são *Apologia dos Judeus* e *Vida Contemplativa*, de Fílon, o filósofo judeu de Alexandria, nascido na segunda década da nossa era; *Guerra dos Judeus* e *Antiguidades Judaicas*, escrito pelo historiador judaico-romano Flávio Josefo, que viveu entre 37 e 100 d.C.; *Refutação de todas as heresias*, de Hipólito de Roma — tratado este redigido por volta de 230 da nossa era; e *História Natural*, de Plínio, o Antigo, obra concluída aproximadamente no ano 77 da Era Cristã.

"Na parte ocidental [do Mar Morto] os Essênios se afastam das margens por toda a extensão em que estas são perigosas. Trata-se de um povo único em seu gênero e admirável no mundo inteiro, mais que qualquer outro: sem nenhuma mulher e tendo renunciado inteiramente ao amor; sem dinheiro; tendo por única companhia as palmeiras. Dia após dia esse povo renasce em igual número, graças à grande quantidade dos que chegam; com efeito, afluem aqui em grande número aqueles que a vida leva, cansados das oscilações da sorte, a adotar seus costumes. Assim, durante milhares de séculos, coisa inacreditável, subsiste um povo que é eterno e no interior do qual, contudo, não nasce ninguém: tão fecundo é para ele o arrependimento que têm os outros em relação à sua vida passada!

Abaixo desses [isto é, dos Essênios] ficava a cidade de Engada [Engaddi], cuja importância só era inferior à de Jerusalém [sem dúvida é necessário corrigir para 'Jericó', tendo em vista a menção aos palmeirais] por sua fertilidade e seus palmeirais, mas que se tornou hoje também uma pira secundária. A partir daí chega-se à fortaleza de Massada, situada num rochedo, ela própria vizinha do lago Asfaltite [outro nome de Mar Morto]."

As seitas judaicas

(*Guerra dos judeus*, Flávio Josefo, II, VIII, § 119.) "Existem, com efeito, entre os judeus, três escolas filosóficas: os adeptos da primeira são fariseus; os da segunda, saduceus; os da terceira, que apreciam justamente praticar uma vida venerável, são denominados Essênios: são judeus pela raça, mas, além disso, estão unidos entre si por uma afeição mútua maior que a dos outros."

Para os estudiosos do assunto, sugerimos a leitura do livro, já citado, *Os Manuscritos do Mar Morto*, de E. M. Laperrousaz, editado pela Cultrix e pelo Círculo do Livro, e de *O Quinto Evangelho segundo o Apóstolo Tomé*, traduzido e comentado pelo próprio Rohden. (N. do E.)

Com relação à natureza do recrutamento dos Essênios, Fílon (Apologia, § 2) expõe uma visão diferente da de Josefo. Segundo ele: "Seu compromisso não é devido à raça — a palavra 'raça' não é adequada quando se trata de voluntários —, mas tem como causa o zelo da virtude e o ardente amor pelos homens".

O ideal essênio: ascetismo e vida comunitária

(*Guerra dos Judeus*, § 120.) "Os Essênios repudiam os prazeres como um mal e consideram como virtude a continência e a resistência às paixões. Eles desprezam, para si mesmos, o casamento; mas adotam os filhos dos outros numa idade ainda bastante tenra para receberem seus ensinamentos: eles os consideram como se fossem de sua família e os moldam de acordo com os seus costumes."

Também aqui o ponto de vista de Fílon (*Apologia*, § 3) é divergente: "Entre os Essênios (Fílon e Josefo adotam duas formas um pouco diferentes do nome dessa facção judicial), portanto, não existem absolutamente crianças pequenas, nem tampouco adolescentes ou jovens, uma vez que os caracteres dessas idades são inconstantes e voltados para as novidades, em função da falta de maturidade; existem apenas homens de idade madura e inclinados já para a velhice, que não são mais dominados pelo fluxo do corpo nem arrastados pelas paixões, mas que gozam da liberdade verdadeira e realmente única."

(*Guerra dos Judeus*, § 121.) "Não se trata, por parte deles, da abolição do casamento e, consequentemente da prorrogação da espécie, mas da defesa contra o impudor das mulheres e da convicção de que nenhuma delas conserva sua fidelidade a um único homem."

Por outro lado, Josefo apresenta outros motivos para o celibato quando diz, em suas *Antiguidades Judaicas* (XVIII I, § 21): "Além disso, eles não tomam esposas e não adquirem escravos; consideram, com efeito, que tal coisa constituiria uma injustiça e que levaria à discórdia. Vivem, por conseguinte, entre si e realizam, um para o outro, as tarefas do servo."

Fílon defende, sobre este assunto, a seguinte opinião (*Apologia*, § 14): "Por outro lado, prevendo com perspicácia o obstáculo que ameaçaria, seja por si só, seja de modo mais grave, dissolver os laços da vida comunitária, eles baniram o casamento, ao mesmo tempo em que prescreveram a prática de uma perfeita continência. Com efeito, nenhum dos Essênios toma esposa, pois a mulher é egoísta, excessivamente ciumenta, hábil em distorcer os costumes do marido e em seduzi-lo por sortilégios incessantes." (§ 15.) "A mulher se empenha totalmente em usar palavras aduladoras e toda a espécie de máscaras, como os atores no palco; depois, quando fascinou os olhos e aprisionou as orelhas — isto é, quando enganou os sentidos que são como subalternos —, ela desencaminha a inteligência soberana." (§ 16.) "Se, por outro lado, nascem filhos, cheia de orgulho e de impudência, ela agora afirma com uma audaciosa arrogância o que antes se contentava em insinuar hipocritamente por meio de alusões, e, desprovida de vergonha, usa a violência para cometer atos contrários ao bem da vida comunitária." (§ 17.) "O esposo, acorrentado pelos filtros da mulher, ou então preocupado com os filhos por necessidade natural, não é mais o mesmo para os outros, mas se torna, contra a sua vontade, um outro homem, um escravo em lugar de um homem livre."

A opinião dos Essênios sobre o casamento, na realidade, parecia sofrer algumas variações de acordo com a época, ou segundo a colônia em questão. Assim, em outro trecho do mesmo livro (*Guerra dos judeus*, § 160-161) Josefo afirma:

(§ 160.) "Existe ainda uma outra ordem de Essênios que concordam com os demais no que se refere ao tipo de vida e aos usos e costumes, mas que deles diferem no tocante à questão do casamento. Eles pensam, com efeito, que as pessoas não casadas suprimem uma parte muito importante da vida, isto é, a propagação da espécie, tanto mais que, se todos adotassem a mesma opinião, o gênero humano desapareceria de modo bastante rápido." (§ 161.) "Contudo, eles examinam suas mulheres durante três [meses]: quando forem purificadas por três vezes, provando assim que podem conceber, eles as desposam. E quando estão grávidas, eles não têm relação com elas, mostrando, dessa maneira, que não se casam pensando no prazer, mas porque os filhos são necessários. As mulheres banham-se envolvidas em roupas íntimas, da mesma forma que os homens colocam uma tanga. Esses são os hábitos dessa ordem."

Josefo relata outros aspectos da vida dos Essênios após analisar o casamento:

(*Guerra dos Judeus*, § 122.) "Eles são os menosprezadores da riqueza e sua vida comunitária é admirável: procurar-se-ia em vão, entre eles, alguém que sobrepujasse os outros pela fortuna. Com efeito, trata-se de uma lei: aqueles que entram para a seita entregam seus bens à ordem, de tal forma que entre eles não se veem absolutamente nem a humilhação da pobreza nem o orgulho da riqueza, já que as posses se encontram reunidas, não existindo para todos senão um único haver, como ocorre entre irmãos."

(§ 123.) "Eles consideram o óleo como uma mancha, e caso alguma pessoa, contra a vontade, tenha sido untada, ela enxuga seu corpo; com efeito, eles encaram como um dever manter a pele seca e estar sempre vestidos de branco.

Os administradores dos fundos comuns são eleitos, e, de modo indistinto, cada um é designado, em nome de todos, para as diversas funções."

(§ 124.) "Não têm uma cidade única, mas em cada cidade compõem com alguns outros uma colônia. Além disso, aos membros da seita que chegam de outros lugares está franqueado tudo o que eles têm entre si, da mesma maneira como ocorrera com eles, e entram na casa das pessoas que nunca viram como se estivessem entre amigos íntimos."

Da mesma forma, Fílon declara que "eles habitam numerosas cidades da Judeia e também diversas aldeolas e agrupamentos com grandes efetivos" (*Apologia*, § 1). Por outro lado, en seu tratado intitulado *Quod omnis probus liber sit* (§ 76), diz: "Eles habitam em espécies de pequenas aldeias, fugindo das cidades por causa das impiedades que são costumeiras entre seus habitantes; com efeito, estão bem cientes de que, assim como um ar deletério desenvolve, nesse contexto, as epidemias, nele a vida social inflige às almas golpes incuráveis."

(*Guerra dos judeus*, § 125.) "Essa também é a razão por que eles fazem suas viagens sem levar absolutamente nada; contudo, andam armados por causa dos salteadores."

Nesta mesma obra, Fílon como que idealiza a filosofia e o modo de vida desse povo, ao afirmar (*Quod omnis probus...*, § 78): "Procurar-se-ia em vão entre eles um fabricante de flechas, de dardos, de espadas, de capacetes, de couraças ou de escudos, numa palavra, de armas ou de máquinas militares ou de algum instrumento de guerra, ou até mesmo de objetos pacíficos que pudessem ser desviados para o mal."

(*Guerra dos Judeus*, § 125, final.) "Em cada cidade, um questor da ordem, especialmente encarregado dos hóspedes, é designado como intendente das vestimentas e do necessário."

(§ 126.) "Seus trajes e a aparência exterior se assemelhavam aos das crianças que um pedagogo educa no temor; eles só mudam de vestes ou de sapato quando estes estão completamente rotos ou desgastados pelo tempo." (§ 127.) "Entre eles não se compra nem se vende nada: cada um dá aquilo de que dispõe a quem disso tem necessidade, e recebe deste último, em troca, aquilo de que precisa; e pode mesmo ocorrer que, sem darem nada em troca, recebam livremente de quem quiserem."

O dia do Essênio

(*Guerra dos judeus*, § 128.) "Sua piedade para com a divindade assume uma forma particular: antes do nascimento do sol não pronunciam nenhuma palavra profana, mas recitam algumas orações ancestrais dirigidas ao sol, como se lhe suplicassem que surgisse."

(§ 129.) "Depois dessas orações, os administradores os despedem, para que cada um se dedique ao ofício que conhece."

"Em seguida, após terem trabalhado, sem interrupção, até a quinta hora (aproximadamente 11 horas da manhã), eles se reúnem novamente no mesmo lugar e, tendo-se cingido com tangas de linho, banham desse modo o corpo na água fria. Depois dessa purificação, agrupam-se numa edificação especial onde não é permitido o acesso a ninguém que não possua a mesma fé; eles próprios não entram no refeitório senão purificados, tal como num recinto sagrado." (§ 130.) "Depois de estarem tranquilamente sentados, o padeiro serve os pães pela ordem, e o cozinheiro serve a cada um o conteúdo de uma única gamela, com uma só iguaria." (§ 131.) "O sacerdote dá início à refeição por meio de uma oração, e a ninguém é permitido provar o alimento antes da oração; e depois de terem comido, ele pronuncia uma nova oração: no começo e no final eles louvam a Deus enquanto dispensador da vida.

Em seguida guardam as vestes que haviam colocado para a refeição, dado que são vestes sagradas, e se dedicam novamente ao trabalho até a noite."

(§ 132.) "Então voltam e procedem ao jantar da mesma maneira, e os hóspedes que estiverem de passagem entre eles se assentam à mesa. Nenhum grito nem tumulto jamais desonram a casa; eles falam uns com os outros na maior ordem."

(§ 133.) "Para os forasteiros, esse silêncio parece um mistério terrível. A causa desse silêncio é a sua sobriedade permanente, e o fato de que alimento e bebida lhes são fornecidos na justa medida para deixá-los saciados, e nada mais."

As virtudes essênias

(*Guerra dos judeus*, § 134.) "No conjunto, por conseguinte não há nada que eles realizem sem a ordem dos administradores; mas as duas coisas que aqui seguem só dependem deles mesmos: a assistência e a piedade. Com efeito, é-lhes permitido

— por parte do próprio chefe — socorrer os que são dignos disso, sempre que estes o peçam, e dar comida aos indigentes. Mas não têm o direito de fornecer subvenções aos membros de sua família sem a autorização dos procuradores."

(§ 135.) "São justos árbitros da cólera, homens que dominam seu arrebatamento, modelos de lealdade, artesãos da paz. Toda palavra que pronunciam é mais forte que um juramento, e eles se abstêm de jurar, considerando tal coisa pior que o perjúrio; pois, dizem eles, aquele em quem não se pode crer sem que tome Deus como testemunha condena-se por isso mesmo."

Josefo salienta a justiça dos Essênios, em suas *Antiguidades Judaicas* (ibid., § 20): "Deve-se admirar neles, se os compararmos a todos os outros adeptos da virtude, a sua prática da justiça, que não deve ter existido, de modo algum, em nenhum grupo grego nem em nenhum bárbaro, ainda que por pouco tempo, mas que se encontra entre eles desde uma data remota, sem que houvesse para isso nenhum impedimento: eles repartem os próprios bens, e o rico não goza mais de sua fortuna que aquele que não possui absolutamente nada."

Os livros essênios

(*Guerra dos Judeus*, § 136.) "Eles se dedicam com um zelo extraordinário ao estudo das obras dos antigos [cf. também, a esse respeito, o § 142, citado adiante], escolhendo sobretudo aqueles que visam à utilidade da alma e do corpo. É aí que estudam, para curar as doenças, as raízes que protegem contra elas e as propriedades das pedras."

A admissão na seita: estágios preparatórios, juramento prévio

(*Guerra dos Judeus*, § 137.) "Os que desejam entrar para a seita não obtêm o acesso de forma imediata. O postulante espera durante um ano antes de integrar-se a ela: é-lhe proposto o mesmo tipo de vida e são-lhe enviadas uma machadinha e a tanga de que já falei, assim como uma vestimenta branca."

(§ 138.) "Depois, quando, durante esse período, ele deu provas de sua continência, aproxima-se mais do tipo de vida e participa dos banhos da purificação de um grau superior, mas ainda não é admitido na intimidade; com efeito, após ter mostrado sua constância, ele tem seu caráter examinado por mais dois anos e, caso pareça digno, é recebido definitivamente na comunidade."

(§ 139.) "Mas antes de chegar a refeição comum, ele pronuncia diante de seus irmãos importantes juramentos. Jura, em primeiro lugar, praticar a devoção para com a divindade; em seguida, jura observar a justiça em relação aos homens e não fazer mal a ninguém, nem espontaneamente nem por ordem de outrem; jura odiar sempre os injustos e combater ao lado dos justos." (§ 140.) "Jura mostrar-se sempre leal para com todos, mas sobretudo para com os que detêm o poder; pois nunca a autoridade recai sobre um homem sem a vontade de Deus. Jura que, caso chegue a ocupar um posto de comando, jamais se mostrará insolente no exercício de seu cargo e não eclipsará seus subordinados em virtude das vestes ou paramentando-se melhor do que eles." (§ 141.) "Jurar amar sempre a verdade e perseguir os mentirosos; jura conservar as mãos limpas de roubo e a alma livre de ganho iníquo. Jura ainda nada esconder dos membros da seita, assim como nada revelar senão a estes, mesmo que se use de violência contra ele até a morte."
(§ 142.) "Além disso, jura não comunicar a ninguém nenhuma das doutrinas, a não ser na forma como ele próprio as recebeu abstendo-se de qualquer [alteração], e conservar da mesma maneira os livros da seita, assim como os nomes dos anjos. Esse

são os juramentos pelos quais eles se asseguram da fidelidade dos que entram para a seita."

A exclusão da seita, o Poder Judiciário

(*Guerra dos Judeus*, § 143.) "Os que são surpreendidos em faltas graves são expulsos da ordem. O indivíduo assim excluído muitas vezes morre vitimado pelo mais miserável destino; pois, acorrentado por seus juramentos e costumes, não pode sequer partilhar do alimento dos outros; reduzido a comer ervas, ele perece, o corpo é debilitado pela fome." (§ 144.) "Da mesma forma, a muitos eles recolheram por piedade, quando de seu último suspiro, considerando suficiente para a expiação de suas faltas essa tortura que levava à morte."

(§ 145.) "Em termos de julgamento, eles são bastante precisos e imparciais. Administram justiça no decorrer de reuniões em que não se reúnem menos de cem, e aquilo que decidirem é irrevogável. Entre eles, o nome do Legislador é, depois de Deus, um grande objeto de veneração [mais que de Moisés, poderia realmente tratar-se, neste caso, do Organizador dessa facção]; e, caso alguém venha a blasfemar contra o Legislador, é punido com a morte."

(§ 146.) "Eles consideram um dever a obediência aos mais velhos, assim como à maioria; quando, por exemplo, estão reunidos em dez, ninguém toma a palavra se os outros nove a isso se opuserem."

Prescrições particulares: repouso sabático, excreções

(*Guerra dos Judeus*, § 147.) "Além disso, eles evitam cuspir perto dos companheiros ou à direita; é-lhes também proibido, de maneira mais rigorosa que entre todos os judeus, dedicar-se a seus trabalhos no sétimo dia da semana: não somente preparam a própria comida na véspera, de forma a não acender o fogo nesse dia, como também não ousam deslocar um objeto nem evacuar."

(§ 148.) "Nos outros dias, cavam um buraco da profundidade de um pé com seu enxadão — pois é desse tipo de machadinha entregue aos novos adeptos. É aí que eles se agacham, envoltos em seu manto, de modo a não ofender os raios de Deus."

(§ 149.) "Em seguida, empurram para o buraco a terra que haviam retirado ao cavar. Para essa operação, escolhem os locais mais ermos. Por mais natural que seja a evacuação dos excrementos, eles costumam lavar-se depois delas como se estivessem sujos."

As quatro classes de Essênios

(*Guerra dos Judeus*, § 150.) "Eles se dividem em quatro grupos, de acordo com a antiguidade de suas práticas: e os mais jovens são de tal modo inferiores aos mais velhos que estes últimos, caso venham a tocar os primeiros, se lavam como se tivessem tido contato com um estrangeiro" [cf. os § 137-138].

Suas crenças acerca da alma e do além

(*Guerra dos Judeus*, § 153.) "Sorrindo em meio às dores e zombando dos que lhes infligiam as torturas, eles entregavam a alma de bom grado, convencidos de que a recuperariam novamente." (§ 154.) "Com efeito, trata-se de uma doutrina bem consolidada entre eles a de que os corpos são passíveis de corrupção e sua matéria, instável, as almas são imortais e permanecem para sempre; de que, vindas do éter mais sutil elas se encontram vinculadas aos corpos que lhes servem de prisão, atraídas que são, por algum sortilégio físico, para o plano inferior." (§ 155.) "Mas quando se libertam dos laços — e por assim dizer, de uma longa escravidão —, sentem júbilo e se elevam para o mundo celeste."

O trecho seguinte é um longo texto de características inteiramente helenísticas:

"Assim como os filhos dos gregos, eles afirmam que às almas boas está reservada a moradia situada para além do Oceano, um lugar sobre o qual não se abatem nem chuvas, nem neves, nem calores tórridos, mas que é constantemente refrescado pelo doce zéfiro que sopra do Oceano; por outro lado as almas más são por eles relegadas a uma cavidade tenebrosa e agitada pelas tempestades, cheia de castigos incessantes." (§ 156.) "É no quadro do mesmo pensamento, ao que me parece, que os gregos reservaram para os seus bravos, que denominam heróis e 'semideuses' as Ilhas dos Bem-Aventurados, e para as almas dos perversos o lugar dos ímpios, no Hades, onde, ainda segundo sua mitologia, algumas personagens sofrem seu suplício: os Sísifos e os Tântalos, os Ixiões e os Títios. Uma crença desse tipo, em primeiro lugar, supõe que as almas sejam eternas; além disso, serve para encorajar a virtude e desviar do vício." (§ 157.) "Com efeito, os bons se tornarão melhores durante a sua vida, se tiverem a esperança de que serão recompensados, mesmo depois de seu final, ao passo que os maus refrearão seus instintos por medo, caso contem — mesmo no caso de virem a escapar durante o período da vida — com a possibilidade de sofrerem um castigo eterno após a sua dissolução." (§ 158.) "Esses são, por conseguinte, os ensinamentos religiosos dos Essênios no que diz respeito à alma: trata-se de uma isca que atiram e a que não resistem os que alguma vez experimentaram a sua sabedoria."

A crença na ressurreição dos corpos é atribuída aos Essênios por Hipólito que, em *Refutations* (IX, 27), expõe argumentos que descartam qualquer dúvida. Analisando as mesmas questões que Josefo e Fílon, faz uma comparação entre as doutrinas dos gregos e dos Essênios sob um prisma apologético amplamente difundido: "A doutrina da ressurreição está, entre eles, fortemente estabelecida. Com efeito, eles afirmam que a carne ressuscitará e será imortal, da mesma maneira que a alma já é imortal; esta última, quando se separa do corpo, vai repousar, até o julgamento, num lugar agradavelmente arejado e luminoso: trata-se do lugar que os gregos, que haviam ouvido falar dele, denominaram Ilhas dos Bem-Aventurados. Mas existem ainda outras doutrinas dos Essênios de que muitos gregos se apropriaram para fazer delas suas próprias doutrinas."

O seu dom de previsão

(*Guerra dos Judeus*, § 159.) "Existem mesmo entre eles aqueles que se dedicam a prever o futuro, experimentados que são no estudo dos livros santos, dos escritos [sagrados] e das sentenças dos profetas; e é raro que lhes ocorra se enganarem em suas provisões."

A estes extratos da *Notícia* da *Guerra dos judeus*, acrescentaremos outros ensinamentos importantes e característicos das *Antiguidades Judaicas*.

Deus e o destino

(XVIII, I, § 18.) "Com predileção, os Essênios ensinam que em todas as coisas nos voltemos para Deus."

(*Antiguidades*, XIII, V, § 172.) "A seita dos Essênios afirma que o Destino é senhor de tudo, e que nada que não esteja em conformidade com a sua decisão chega a ocorrer aos homens."

O culto

(§ 19.) "Eles enviam oferendas ao Templo, mas não realizam sacrifícios em seu recinto, uma vez que as purificações que costumam praticar são diferentes; essa é a razão por que abstendo-se de entrar no recinto comum, realizam seus sacrifícios entre si."

Em *Quod amnis probus* (§ 76), Fílon contrapõe-se a Josefo ao espiritualizar o culto dos Essênios: "Eles, que não sacrificam animais, mas que julgam mais adequado tornar verdadeiramente santos os seus pensamentos."

Importância numérica dos Essênios

(§ 20.) "São mais de quatro mil homens a se comportarem dessa maneira."

(Fílon, *Quod amnis probus*, § 75.) "A Síria Palestina, que ocupa uma parte importante da populosa nação dos judeus, não é, também ela, estéril em virtude. Alguns deles, que somam mais de quatro mil, são denominados Essênios."

Grande parte dos aspectos abordados nessa descrição apresentada pelas *Notícias* — estágios sucessivos para novos membros, hierarquização rigorosa, juramento específico, forma de vida comunitária e ascética, respeito extremo ao repouso sabático, preocupação com a pureza e a justiça, lugar reservado aos sacerdotes, dedicação ao estudo dos livros santos, crença no Destino, conhecimento dos acontecimentos futuros — coincide muitíssimo com o painel que se pode montar a partir dos dados contidos nos manuscritos das grutas de Qumran. Naturalmente, tais comunidades passaram por uma série de transformações num período de dois séculos, uma vez que nem todas as características de uma comunidade são constantes e imutáveis.

Sendo assim, em decorrência de uma descoberta ocorrida completamente por acaso, num ponto perdido do deserto de Judá, foi possível conhecer com detalhes um povo que estivera, por muito tempo, cercado de mistério — os Essênios. Entre o material encontrado, a presença de diversas obras pertencentes à literatura judaica intertestamentária ("apócrifos", segundo os católicos, e "pseudoepígrafes" para os protestantes) configura-se como uma confirmação das teses sobre sua origem essênia.

Nos rastros do Cristo Cósmico

O que é o homem?
Da resposta que dermos a esta pergunta depende o conceito, certo ou errôneo, da redenção em todas as religiões. Se o homem é essencialmente mau, nenhuma redenção de dentro é possível; mas, se o homem é essencialmente bom, embora apenas em potência, existe um fundamento para a redenção de dentro.

O problema da redenção, heterônoma ou autônoma, como se vê, assenta alicerces num profundo problema metafísico sobre a verdadeira natureza do homem.

Se a verdadeira natureza do homem se resume no seu ego — isto é, no seu elemento fisíco-mental-emocional que, por via de regra, chamamos pessoa, personalidade (do latim *persona*, que quer dizer *máscara*) — então é evidente que a redenção do homem não pode vir dele, porque esse ego é precisamente o autor do pecado — e como poderia o pecador redimir o pecador? Como poderia lúcifer purificar lúcifer? "Se eu expulso os demônios por meio de Satanás, então está desunido o seu reino — mas um reino desunido não pode subsistir; se, porém, expulso os demônios pelo dedo de Deus, então na verdade, chegou a vós o reino de Deus." Ora, "o reino de Deus não vem de fora, com observâncias, mas está dentro de vós".

Nestas palavras do divino Mestre está toda a solução do problema. Não é o ego pecador que redime o ego, mas é o "dedo de Deus", a virtude divina do Cristo, que redime o homem.

Ora, essas forças — Satan e Cristo — estão dentro do homem, fazem parte da sua natureza mental-espiritual, o Satan do ego, que se rebela contra Deus — e o Cristo do Eu, ou Alma, esse "espírito de Deus que habita no homem".

Pecado e redenção dependem da soberania que este ou aquele elemento conquistar no homem. Se o ego satânico prevalecer, torna-se o homem pecador; se o Eu crístico nele prevalecer, torna-se o homem remido, justo, santo.

São os "dois Eus" de que fala a epístola de São Paulo aos romanos, a "lei da carne" (ego) e a "lei do espírito" (Eu): "Está em mim o querer o bem, mas não o poder; pois não faço o bem que quero, mas sim o mal que não quero. Ora, se faço o mal que não quero, não sou eu que ajo (meu Eu divino) mas sim o pecado em mim (o ego humano). Infeliz de mim! Quem me libertará desse corpo mortífero? (desse ego humano). A graça de Deus, por Jesus Cristo" (o Eu divino).

Quando o ego pecador se entrega totalmente ao Eu redentor; quando Satan obedece à ordem do Cristo *"vade retro!"* (afasta-te) — então pode o homem remido dizer, feliz: "Já não sou eu (meu ego humano) que vive — o Cristo (meu Eu divino) é que vive em mim".

Os teólogos eclesiásticos, porém, ensinam que esse Cristo é apenas aquele Jesus de Nazaré do primeiro século da nossa era; não fazem distinção entre o Jesus humano e o Cristo divino, o "espírito de Deus" que habita em Jesus e habita em todo homem. "Nele (no Cristo Eterno) estava a vida, e a luz dos homens, a luz verdadeira que ilumina todo homem que vem a este mundo". E os que recebem essa luz crística e a afirmam e fazem brilhar em sua vida "recebem o poder de se tornarem filhos de Deus". Antes que Abraão fosse feito, esse Cristo é, como ele mesmo afirma. As palavras proferidas em véspera de sua morte: "Pai, glorifica-me com aquela glória que eu tinha em ti antes que o mundo fosse feito", são insondável enigma para os que não aceitam o Cristo Cósmico, anterior à criação do universo, dos homens e dos anjos.

O apóstolo Paulo sabia desse Cristo Cósmico, que existia muito antes da sua *encarnação* em Jesus de Nazaré. Como ele escreve aos Colossenses, este Cristo "é a imagem do Deus invisível, o Primogênito, anterior a toda a creatura; nele foram creadas todas as coisas, no céu e na terra, visíveis e invisíveis, tronos e dominações, principados e potestades, tudo foi creado por ele e para ele; ele está acima do universo, e é nele que o universo subsiste".

Isto diz Paulo do Cristo Cósmico, pretelúrico que, milênios ou bilênios mais tarde, se encarnou, aqui no planeta Terra, em Jesus, filho de Maria; pois o Cristo Cósmico, como o apóstolo diz na epístola aos Filipenses, "subsistindo na forma de Deus, não julgou dever aferrar-se a essa divina igualdade, mas despojou-se a si mesmo e, assumindo forma de servo, tornou-se igual aos homens e apareceu como homem no exterior".

Nestas palavras, vem claramente expressa a existência pré-histórica do Cristo Cósmico que "subsistia na forma de Deus", isto é, como a mais alta forma ou individualização da Divindade, na "divina igualdade"; mas "despojou-se" (em grego, *esvaziou-se*) dessa forma divina do Cristo Cósmico e revestiu-se da forma humana do Cristo telúrico, aparecendo como homem no exterior, mas permanecendo Cristo Cósmico no interior.

Ora, afirma o evangelista João, esse mesmo Cristo Eterno, que é "a vida e a luz dos homens, está em cada homem que vem a este mundo". Compete ao homem despertar em si essa luz oculta e acendê-la em chama permanente, como as lâmpadas das cinco virgens sábias da parábola, para que a alma possa ser admitida ao reino das núpcias com o divino Esposo. Quem, no princípio, obscurece essa luz crística é o ego humano; uma vez removido esse obstáculo, rompe a luz divina do homem em viva chama, iluminando e transformando a vida.

Essa mesma ideia reaparece no Apocalipse de João, onde ele vê o homem, primeiro como Besta, depois como Satan e finalmente, como Cristo — o homem-animal, o homem-mental e o homem-espiritual.

É absurdo supor que a pessoa humana de Jesus esteja em

cada um de nós; seria uma pessoa enxertada em outra pessoa, verdadeiro mostrengo.

Por outro lado, o Cristo divino, assim como está em Jesus, eternamente inseparável dessa pessoa humana, não pode, nessa forma, entrar em mim. Mas esse mesmo Cristo Cósmico, "que ilumina todo homem", está em mim em outra forma, na forma peculiar a mim, correspondente a este indivíduo humano, único e original — assim como a mesma vida universal está, de outro modo, na roseira ou na macieira, na orquídea ou no pinheiro, embora seja sempre a mesma e única vida universal.

Em cada um de nós vive o mesmo Cristo Cósmico, mas em forma diferente daquele que vivia e vive em Jesus de Nazaré. Cada um de nós é um veículo telúrico do Cristo Cósmico.

"Quando duas pessoas fazem a mesma coisa, diz o provérbio, essa coisa não é a mesma". Da mesma forma, quando o Cristo está em duas pessoas, esse Cristo não é o mesmo; é o mesmo na sua *essência cósmica*, mas não é o mesmo na sua *existência telúrica*, na sua individuação humana.

É precisamente nessa forma telúrica e individual que o eterno Cristo Cósmico, segundo as suas próprias palavras, está conosco "todos os dias até a consumação dos séculos", e "onde dois ou três estiverem reunidos em seu nome está ele no meio deles".

Neste sentido, diz o apóstolo Paulo, "O Cristo vive em mim", "o meu viver é o Cristo", "o espírito de Deus habita em vós".

Neste sentido, afirma Tertuliano que "a alma humana é crística por sua própria natureza".

Enquanto o homem continuar ignorando esse Cristo latente, é ele vítima de trevas, pecador, irredento; mas, quando a luz crística rompe as trevas (ou penumbras) luciféricas do ego, então, mais uma vez o Verbo se faz carne e habita em nós, cheio de graça e de verdade.

Quando há um teólogo eclesiástico que fala em "autorredenção", entende ele "egorredenção", redenção pelo ego humano, e protesta contra semelhante "pelagianismo" nascido do orgulho e da presunção, porque entende por "autorredenção" a redenção pelo próprio ego pecador.

Neste sentido, já o dissemos, é claro que não pode haver "autorredenção", porque o ego pecador não pode redimir o homem; Satan não redime Satan. Mas quando o teólogo abandona a sua tradicional confusão e deixa de identificar o ego luciférico com o Eu crístico do homem, então desaparece todo o escândalo nascido da confusão.

Autorredenção é cristorredenção, teorredenção.

Quem peca no homem é o seu ego humano, a sua *persona* ou máscara, mas não o seu verdadeiro Eu, a sua alma, o "espírito de Deus que nele habita", esse não peca nem pode pecar. O Lúcifer do ego peca — o Cristo do Eu redime do pecado; a "luz brilha nas trevas, e as trevas não a prenderam".

Na linguagem simbólica do *Gênesis*, representa Moisés o *ego pecador* pela serpente, e o *Eu redentor* pelo poder que esmagará a cabeça da serpente. E o próprio Cristo afirma que ele é essa serpente sublimada às alturas, simbolizada por aquela serpente de bronze que Moisés ergueu no deserto, para que os hebreus mordidos pelas serpentes rastejantes fossem salvos por essa superserpente erguida às alturas.

Evidentemente, as serpentes venenosas representam o ego pecador, e a serpente curadora e salvífica é o Eu redentor; ambas essas serpentes, a mortífera e a vivífica, existem no homem; da vitória desta ou daquela dependem a salvação ou a perdição, a vida ou a morte espiritual do homem. Sublimar, erguer às alturas, cristificar, divinizar o seu ego humano — eis em que consiste todo o processo de redenção! E o Sermão da Montanha é o mais perfeito caminho dessa redenção, porque representa completa vitória do Eu divino sobre o ego humano. É um grandioso programa de autorredenção pelo Cristo interno ou seja, de autorrealização em Deus.

Cada uma daquelas sublimes afirmações — desde as oito bem-aventuranças até a alegoria final da casa sobre rocha ou sobre areia — é um convite, quase um desafio, que visa a subordinar o ego humano ao Eu divino — e isto é redenção.

Remido, bem-aventurado, herdeiro do reino dos céus, filho de Deus é todo homem "pobre pelo espírito", "puro de coração", que tem "fome e sede de justiça" (verdade), que "ama aos que o odeiam" e "faz bem aos que lhe fazem mal", que "cede também a túnica a quem lhe rouba a capa", que "oferece a outra face a quem o feriu numa", que "vai dois mil passos com quem o obrigou a andar com ele mil" etc.

Todas estas palavras focalizam, de modos vários, a única verdade central da vida humana: que a redenção e verdadeira felicidade do homem consistem na definitiva vitória do seu elemento divino sobre seus elementos humanos. O Sermão da Montanha supõe, do princípio ao fim, que esses dois elementos estejam dentro do homem, que o homem se torna pecador quando faz prevalecer as forças do seu ego humano, e se faz remido quando da vitória do seu Eu divino sobre seu ego humano. Todos esses preceitos que compõem o Sermão da Montanha são dolorosos e antipáticos ao "homem velho que anda ao sabor das suas concupiscências", mas são alviçareiros e simpáticos ao "homem novo, feito em verdade, justiça e santidade", essa "nova creatura em Cristo", renascida pelo espírito, disposta a andar pelo "caminho estreito e passar pela porta estreita que conduz ao reino dos céus".

É deveras estranho que os teólogos eclesiásticos, em face de tamanha clareza, tenham creado obscuridade no tocante à redenção, fazendo-a consistir, como seus colegas da sinagoga, em fatores externos, adventícios, alheios à própria natureza humana, proclamando diversos tipos de alorredenção, em substituição à autorredenção do Cristo no Evangelho.

Se nessa alorredenção por fatores externos não houvesse interesse por parte dos seus defensores, certamente não teria ela substituído a autorredenção do Cristo. Mas como os doutores da lei, antigos e modernos, vivem dessa redenção de fora, da qual são eles os intermediários entre o pecador e Deus, e como todo o seu prestígio político-social-financeiro deriva dessa doutrina de alorredenção, continua a vigorar essa ideologia artificial, e subsistirá enquanto houver egoísmo eclesiástico, por um lado, e ignorância dos leigos, por outro. Somente a iluminação pela "verdade libertadora" é que porá termo às teorias e teologias sobre a redenção de fora e proclamará a grande verdade da redenção de dentro. Será o triunfo do Evangelho divino sobre as teologias humanas.

E então deixará o clero de ser intermediário entre o homem e Deus. Continuará a ser orientador dos profanos — suposto que ele mesmo seja iniciado na verdade dos "mistérios do reino de Deus". Os chefes espirituais deixarão de se arrogar o papel de "locomotivas" do povo, contentando-se com a função de setas indicadoras à beira das estradas e nas encruzilhadas da vida, apontando aos viajores o caminho certo, suposto que eles mesmos não sejam "guias cegos", mas conheçam e trilhem esse caminho.

E, neste caso, o rabino, o sacerdote, o ministro, o diretor espiritual, se julgará feliz quando for abandonado e ultrapassado pelo viajante bem orientado, em vez de se fazer por ele adorado. A seta indicadora cumpriu a sua missão se for abandonada pelo viajor. No dia e na hora em que o chefe espiritual se tornar supérfluo para seu pupilo, por ter este adquirido plena autonomia espiritual, terá o diretor cumprido gloriosamente a sua missão.

Bem-aventurado o diretor espiritual que, de tão eficiente, se tornou supérfluo para seus dirigidos! Dele é o reino dos céus...

Que é o Cristo Cósmico?

A pergunta que serve de título a este capítulo foi feita, há quase dois mil anos, por Jesus aos chefes da Sinagoga de Israel. E eles responderam que o Cristo era filho de Davi, isto é, um descendente do rei de Israel, pai de Salomão.

Jesus não aceita a resposta porque, de fato, o Cristo não é filho de Davi.

Esta confusão entre Cristo e Jesus é, pois, antiquíssima e continua até hoje.

Que é o Cristo, o Ungido, que os antigos hebreus chamavam Messias, o Enviado?

O quarto evangelho designa o Cristo com a palavra *Logos*, começando o texto com estas palavras:

"No princípio era o Logos, e o Logos estava com Deus, e o Logos era Deus."

A palavra grega Logos é muito anterior à Era Cristã. Os filósofos antigos de Alexandria e de Atenas, sobretudo Heráclito de Éfeso, designavam como Logos o espírito de Deus manifestado no Universo. Logos seria, pois, o Deus imanente, em oposição à Divindade transcendente, que não é objeto de nosso conhecimento.

A Vulgata Latina traduz Logos por Verbo: "No princípio era o Verbo..."

Logos, Verbo, Cristo são idênticos e designam a atuação da Divindade Creadora, a manifestação individual da Divindade universal.

Nesse sentido, o Cristo é Deus, mas não é a Divindade.

E neste sentido diz ele aos HOMENS: "Vós sois deuses"; os homens são manifestações individuais da Divindade Universal.

A primeira e mais perfeita das manifestações da divindade Universal, no Universo, é o Cristo, o Verbo, o Logos, que Paulo de Tarso chama acertadamente "o primogênito de todas as creaturas" do Universo.

O Cristo é anterior à creação do mundo material. Ele é o "Primogênito de todas as creaturas". O Cristo não é a creatura humana, mas a mais antiga individualidade cósmica que, antes do princípio do mundo, emanou da Divindade Universal.

O Cristo é Deus, mas não é a Divindade que Jesus designa com o nome de Pai: "Eu e o Pai somos um, mas o Pai é maior do que eu".

Deus, na linguagem de Jesus, significa uma emanação individual da Divindade Universal.

A confusão tradicional entre Deus e Divindade tem dado ensejo a intermináveis controvérsias entre os teólogos. Mas o texto do Evangelho é claro: O Cristo afirmou ser Deus, mas nunca afirmou ser ele a própria Divindade.

O *Gênesis* de Moisés principia com as palavras: "No princípio crearam os *Elohim* o céu e a terra."

O quarto evangelho, de João, abre com palavras semelhantes: "No princípio era o Logos... por ele foram feitas todas as coisas."

Parece, pois, que as Potências Creadoras (em hebraico, *Elohim*) são idênticas ao Logos, pelo qual foram creadas todas as coisas.

Elohim, Logos, Verbo, Cristo são nomes vários que designam a creatura cósmica que, antes do mundo material, emanou da Divindade transcendental.

A filosofia oriental chama a Divindade Universal *Brahman* e dá o nome de Brahma à mais antiga individuação da Divindade.

Brahma seria igual a Deus, Cristo, Logos, Verbo.

Não existe em todo o Universo uma única creatura definitivamente realizada e incapaz de se realizar ulteriormente. Toda e qualquer creatura, mesmo Brahma, ou Cristo, são creaturas altamente realizadas, mas sempre realizáveis; são, por assim dizer, sinfonias inacabadas.

Toda e qualquer creatura, mesmo a mais perfeita creatura cósmica, é ulteriormente evolvível ou realizável. A vida eterna não é uma chegada, uma *parada*, uma meta final — é uma incessante jornada ou evolução rumo ao Infinito, sem jamais coincidir com o Infinito. Todo o finito, diz a matemática, em demanda do Infinito, está sempre a uma distância infinita.

Pánta rhei, tudo flui, diziam os filósofos antigos; tudo é relativo, escreve Einstein em nosso século.

A Divindade, o Infinito, o Absoluto, não é objeto de nosso conhecimento. Tudo que sabemos se refere ao Relativo, ao Fluídico, ao Evolvível, que está em incessante evolução.

Referem os livros sacros que o Cristo, a mais antiga creatura cósmica, se encarnou na pessoa humana de Jesus.

Sendo esta descida do Cristo Cósmico às baixadas do planeta Terra um fenômeno incompreensível, têm os homens feito inúmeras conjeturas sobre o porquê dessa encarnação do Cristo. E ele mesmo, na pessoa de Jesus, nunca disse claramente da finalidade da sua homificação.

Entretanto, sendo o Cristo o maior dos avatares do Universo conhecido, podemos interpretar a encarnação dele pelas normas dos outros avatares.

Por que o Cristo Cósmico se fez carne...

Há quase vinte séculos que as teologias afirmam que o Verbo, o Cristo-Logos, o Cristo Cósmico, se fez carne, viveu e morreu entre nós, para pagar a dívida dos nossos pecados.

Alguns teólogos sabem até que Jesus sofreu tais e tais coisas por tais e tais pecados da humanidade. Tomás de Aquino afirma que uma única gota de sangue de Jesus teria sido suficiente para pagar todos os delitos da humanidade de todos os tempos, mas, por excesso de generosidade, ele derramou todo o seu sangue, até o resto que ainda estava no seu corpo após a morte.

E insustentável a ideia de um Deus que se possa sentir ofendido com os pecados humanos — quando até um homem como Mahatma Gandhi chegou às alturas de uma completa inofendibilidade. Inadmissível é também a ideia de que Deus exigisse dos pecadores que matassem o único homem sem pecados para que ele pudesse perdoar aos pecadores. E, apesar de ter Jesus pago com seu sangue os pecados de toda a humanidade, passada, presente e futura, todos os homens nascem outra vez onerados de pecados, filhos de satanás, e o sacerdote, ao batizar uma criança, tem de expulsar da alma infantil o diabo, com um copo de água.

Em face destes e de outros absurdos defendidos há quase 2.000 anos pelas igrejas cristãs, não se poderia esperar nada de bom do cristianismo organizado.

O Verbo, o Cristo-Logos, o Cristo Cósmico, não se revestiu da natureza humana para pagar os pecados dos homens me diante sua morte. Aos discípulos de Emaús responde ele que sofreu voluntariamente tudo aquilo para "entrar em sua glória". Nenhuma alusão a pagamento de pecados alheios, nenhuma referência a salvação da humanidade coletiva.

Paulo de Tarso, na Epístola aos Filipenses, diz que o Cristo se despojou dos esplendores da Divindade e se revestiu de roupagem humana, tornando-se homem, servo, vítima, crucificado — e que por isto foi ele exaltado soberanamente acima de todas as creaturas celestes, terrestres e infraterrestres. Nenhuma alusão à redenção da humanidade, ainda que, em horas não inspiradas, Paulo recaía à tradição do "bode expiatório" do povo hebraico.

À luz de todos os livros sacros, o motivo da encarnação do Verbo era o plano de elevar a creatura humana ao clímax da sua grandeza, mediante a voluntária integração da personalidade humana de Jesus de Nazaré na grandeza do Cristo Cósmico. A creatura humana tinha, desde o início, a potencial ida de se tornar uma autêntica imagem e semelhança de Deus; mas, no Éden, aparece apenas o homem-ego em sua miséria, embora nessa creatura estivesse latente a grandeza do homem-Eu, o homem Cristo Cósmico. Era necessário, segundo os planos cósmicos, que o homem adâmico, graças à sua creatividade, se erguesse às alturas do homem crístico. E, para que o gênero humano tivesse um precedente e uma diretriz rumo ao seu grande destino, devia a natureza humana vislumbrar essa altura num indivíduo humano já em estágio final de cosmificação. Ignoramos se Cristo já se tivesse, antes da sua encarnação, individualizado em outra creatura; pelos livros sacros que possuímos sabemos apenas que o Cristo Cósmico encarnou num homem terrestre e nasceu como "Filho do Homem", mediante concepção hominal.

No tocante a Jesus de Nazaré, é evidente que a encarnação do Verbo visava à mais alta realização da natureza humana, à cristificação de uma individualidade humana, à redenção ou salvação da humanidade *individual* do homem, e não à salvação *coletiva* da humanidade. Quando Jesus, no alto da cruz, proferiu as palavras "está consumado", referia-se ele à consumação desta tarefa, motivo da encarnação do seu Cristo.

Por essa mesma razão também não deixou o Cristo aqui na terra o seu Jesus, mas intregou-o definitivamente em seu Cristo divino, de maneira que podemos dizer que ao menos num espécime, da nossa natureza, a humanidade está plenamente redimida, realizada, cristificada. Ocorreu um precedente, que pode ter os seus consequentes. E não dizia ele: "Vós fareis as mesmas obras que eu faço, e fareis obras ainda maiores que estas?"

Durante os 33 anos da sua vida terrestre não permitia Jesus que seus inimigos o matassem antes do tempo. Mas, na última quinta-feira, à sombra do Getsêmane, disse ele a seus agressores: "Esta é a vossa hora e o poder das trevas." E, a partir deste momento, suspendeu os seus poderes e se entregou à violência de seus inimigos, que fizeram desse Eu divino tudo o que o ego humano pode imaginar em matéria de crueldade e torpeza, porquanto "o ego é o pior inimigo do Eu". Essas crueldades, tão vividamente descritas pelos evangelistas, não eram premeditadas por Deus ou Jesus para pagar os nossos pecados, mas eram o transbordamento natural do ego adâmico para manifestar o ódio e sua vingança contra o Eu crístico, que para aquele era uma tácita acusação e um terrível exame de consciência. Nenhum pigmeu tolera ser eclipsado pela sombra de um gigante, e, se não o pode matar, pelo menos lhe joga uns salpicos da lama em que jaz. O ódio que o ego inferior tem ao Eu superior não é outra coisa senão a voz da sua consciência atormentada, que lhe diz: tu és um covarde — e ele é um herói. Nunca o ego humano é tão cruel quanto quando ele vê diante de si um Eu divino que, com sua simples presença, lhe diz como ele deveria ser, mas não como é. Todos os horrores da paixão e morte de Jesus correm por conta do ego adâmico, e nada tem que ver com um plano premeditado de pagamento dos nossos pecados.

A nova humanidade compreenderá que a encarnação do Verbo, do Cristo Cósmico, toda a vida, morte e ressurreição de Jesus obedecem a um grandioso plano cósmico de realizar plenamente o glorioso destino do homem, que pode e deve fazer-se maior do que Deus o fez — e que pelo menos um indivíduo humano já atingiu essa grandeza da nova humanidade.

O Cristo Interno

Até o Concílio Vaticano II, a teologia quase só falava do Cristo externo, identificando-o com a pessoa humana de Jesus de Nazaré.

Hoje em dia, já se fala do Cristo Interno no homem. Aliás, esse Cristo Interno já aparece nos evangelhos, sobretudo na parábola da videira e seus ramos: a mesma seiva divina, que circula no tronco da videira, circula também nos ramos dela, isto é, o espírito divino, que é o Cristo em Jesus, é idêntico ao espírito divino que existe em todos os seres humanos. Jesus afirma que a presença de Deus é uma realidade em todo ser humano — "o Pai está em mim, o Pai também está em vós" — mas a consciência e atuação do espírito divino variam de pessoa a pessoa. A presença de Deus é a mesma em todo homem, mas o que cristifica o homem é a consciência e a vivência dessa presença divina. Diz o Mestre:

"Aquele que em mim está, mas não produzir fruto, será cortado e jogado ao fogo e destruído; mas aquele que em mim está e produzir fruto será podado (purificado) para que produza fruto ainda mais abundante."

Com estas palavras, afirma o Mestre a presença real do Cristo divino em toda a creatura humana, ao passo que a atuação subjetiva desse Cristo Interno depende da consciência do homem. A despeito da presença objetiva do Cristo no homem pode o homem parecer espiritualmente, o que acontecerá se o homem não viver de acordo com esse espírito. Mas, se a presença objetiva do Cristo no homem produzir uma vivência subjetiva em harmonia com esse espírito, então esse ramo humano da videira divina será podado, ou purificado, a fim de produzir fruto mais abundante. A poda dos ramos da videira se faz no início da primavera, para que a seiva se concentre em pequeno espaço e rompa com maior força, produzindo fruto vigoroso. Essa poda equivale a uma espécie de sofrimento da planta; a videira "chora", diz o povo, porque do ferimento do ramo caem pingos de seiva vital e umedecem o solo. Quem vive de acordo com o espírito do Cristo passa por um "sofrimento-crédito" para se tornar ainda mais espiritual. A espiritualidade não preserva o homem do sofrimento, como se vê pela vida do homem justo Jó, e pela própria vida de Jesus; o sofrimento-crédito acompanha a evolução espiritual do homem. No princípio, esse sofrimento é compulsório, como mostra a vida de pessoas espirituais; só mais tarde passa esse sofrimento a ser um sofrimento voluntário, como aconteceu a Jesus, que aceitou espontaneamente o sofrimento causado pelo processo da sua cristificação: "Ninguém me tira a vida; eu deponho a minha vida quando eu quero, e retomo a minha vida quando eu quero." Não há evolução sem resistência. A dor, o sofrimento, é uma resistência, provocada pela atuação do Eu superior sobre o ego inferior. Até na pessoa humana de Jesus houve um resto dessa resistência evolutiva, Jesus pede que o sofrimento passe dele; mas ao mesmo tempo o seu Cristo aceita livremente o sofrimento "para assim entrar em sua glória".

Os avatares procuram espontaneamente essa resistência evolutiva do sofrimento, a fim de promover a sua espiritualização ulterior. Paulo de Tarso, na epístola aos Filipenses, atribui essa *antidromia* ao próprio Cristo que, das alturas dos esplendores divinos, desceu às dolorosas baixadas humanas e foi, por meio disto, "soberanamente exaltado".

O despertamento e a vivência de acordo com o Cristo Interno marcam o roteiro da evolução, da cristificação do homem.

Também as palavras do Cristo "eu sou a luz do mundo — vós sois a luz do mundo" exprimem a mesma identidade da luz do Cristo em Jesus e em outros homens. Mas essa identidade da luz tem muitos graus de intensidade e manifestação; em muitos homens, a luz está sob o velador opaco do ego, ao passo que em Jesus estava ele no alto do candelabro da sua consciência crística.

O Evangelho do Cristo é rigorosamente monista, admitindo uma única essência manifestada em muitas existências.

O que Paulo de Tarso pensava do Cristo Cósmico

Paulo de Tarso tem sido acusado de ter introduzido no cristianismo um Cristo diferente do Jesus dos evangelhos. De fato, ele fala mais do "Cristo, Rei imortal dos séculos" do que do Jesus, o carpinteiro de Nazaré, que ele não viu em carne. Ele se gloria de ser apóstolo, não do "Jesus carnal", mas do Cristo imortal, que lhe apareceu às portas de Damasco e o transformou totalmente.

Dizem alguns teólogos que Paulo transformou o humilde Jesus da Galileia num herói e redentor do mundo, à maneira dos super-homens dos escritores gregos.

Sobretudo nas epístolas aos Colossenses, aos Efésios e aos Filipenses, exalta Paulo as glórias do Cristo Cósmico, que bem pouca semelhança tem com o singelo Jesus dos evangelistas. "No Cristo converge como na cabeça tudo quanto existe no céu e na terra." O Cristo é "superior a todos os principados, potestades, virtudes e dominações, e outro nome haja, não só neste mundo, mas também no outro — ele, que de tudo enche o Universo inteiro".

Estas palavras lembram o início da epístola aos Filipenses, em que Paulo canta o Cristo Cósmico, que estava na glória de Deus e não julgou dever aferrar-se a essa divina igualdade, mas esvaziou-se dos esplendores divinos e revestiu-se da natureza humana, tornando-se homem, servo, vítima, crucificado. E por isso Deus o exaltou soberanamente e lhe deu um nome que está acima de todos os nomes, de maneira que, em nome de Cristo, se dobram todos os joelhos, dos celestes, dos terrestres e dos infraterrestres, e todos confessam que é o Senhor.

Nestas palavras, como já dissemos, Paulo descreve a passagem do Cristo pré-humano para um super-Cristo pós-humano, tornando-se maior, depois da encarnação, do que era antes. A Vulgata Latina diz que Deus o exaltou, mas o original grego de Paulo diz enfaticamente que Deus o superexaltou, ou o exaltou soberanamente, tornando-se ele maior do que fora. Os teólogos dogmáticos não admitem uma evolução no Cristo, porque identificam o Cristo com a própria Divindade, em que não há evolução; mas se o Cristo é o "primogênito de todas as creaturas", na expressão de Paulo, é possível uma evolução.

Aos Colossenses, que identificavam o Cristo com os anjos superiores, escreve Paulo: "Ele é a imagem do Deus invisível, o Primogênito de todas as creaturas, porque nele foram creadas todas as coisas, no céu e na terra, visíveis e invisíveis — tudo foi creado por ele e para ele. Ele é anterior ao Universo, e nele o Universo subsiste. Ele ocupa a primazia em todas as coisas, e nele aprouve residir toda a plenitude." A plenitude (*plérôma*) é, para Paulo, a Divindade, em oposição à vacuidade (*kénoma*). Para Paulo, o Cristo é a primeira e mais perfeita emanação individual da Divindade Universal, anterior a qualquer outra creatura, sendo ele a primeira de todas as creaturas cósmicas, o Alfa e Ômega, no dizer de Teilhard de Chardin, o princípio e o fim, na linguagem do Apocalipse.

O Cristo é, segundo João, o "Unigênito do Pai", a creação única da Divindade, o único *Teogênito*, ao passo que nós e todas as outras creaturas somos *Cristo-gênitos*, creados pelo Cristo, como diz o autor do quarto evangelho: "Por ele foram feitas todas as coisas, e nada do que foi feito foi feito sem ele."

A confusão que certos teólogos fazem entre *Deus* e *Divindade* tem dado azo a controvérsias seculares e milenares. Segundo os livros sacros, sobretudo na visão de João e de Paulo, o Cristo é Deus, mas não é a Divindade, que ele chama "Pai", que está no Cristo e no qual o Cristo está, mas "o Pai é maior do que eu". Deus, à luz dos livros sacros, é a mais alta emanação individual da Divindade Universal, portanto creatura da Divindade, o "Primogênito de todas as creaturas".

Em face disto, compreende-se que Pedro, numa das suas epístolas, previna os cristãos daquele tempo, dizendo que, nos escritos do irmão Paulo, há certas passagens difíceis que os ignorantes pervertem para sua própria perdição. De fato, para Pedro e os outros pescadores galileus, deve ter sido difícil ter uma visão exata do Cristo Cósmico do erudito ex-rabino e iluminado vidente do Cristo-Logos. Uma intuição cósmica nunca é exprimível em termos de análise intelectual. Tanto em nossos dias quanto naquele tempo persiste esta mesma dificuldade. Ainda hoje há filósofos e teólogos que consideram Paulo de Tarso como um falsificador dos evangelhos, como um contrabandista que teria introduzido no cristianismo um Cristo Cósmico ao lado do singelo Jesus Nazareno. Entretanto, o Cristo de Paulo é o mesmo Nazareno descrito pelos evangelistas, mas visualizado da excelsa perspectativa do Logos pré-histórico, que também João, o místico, descreve no início do seu evangelho: "No princípio era o Logos, e o Logos estava com Deus, e o Logos era Deus".

O Cristo Cósmico, pré-humano, e o Jesus cosmificado pelo Cristo, pós-humano — é esta a grandiosa síntese de Paulo de Tarso, o Alfa e Ômega da sua vivência e de todas as suas epístolas.

O Cristo Cósmico à luz do *Quinto Evangelho*

O *Quinto Evangelho*, do Apóstolo Tomé, recentemente descoberto no Egito, não é uma biografia de Jesus, como os outros evangelhos; refere apenas 114 aforismos do Mestre.

Esses aforismos giram, quase todos, em torno da ideia central do Reino de Deus, que está no homem e que deve manifestar-se fora dele, na sociedade e no mundo inteiro.

Há, entre esses pequenos capítulos do *Quinto Evangelho*, alguns tão profundamente místicos que não podem ser analisados intelectualmente, mas sim intuídos espiritualmente. Os aforismos 13 e 13-A referem o seguinte:

"Disse Jesus a seus discípulos: Comparai-me e dizei-me com quem me pareço eu.

Respondeu Simão Pedro: Tu és semelhante a um anjo justo.

Disse Mateus: Tu és semelhante a um homem sábio e compreensivo.

Respondeu Tomé: Mestre, minha boca é incapaz de dizer a quem tu és semelhante.

Replicou-lhe Jesus: Eu não sou teu Mestre, porque tu bebeste da fonte borbulhante que te ofereci e nela te inebriaste.

Então Jesus levou Tomé à parte e afastou-se com ele; e falou com ele três palavras. E quando Tomé voltou a ter com seus companheiros, esses lhe perguntaram: que foi que Jesus te disse? Tomé lhes respondeu: Se eu vos dissesse uma só das palavras que ele me disse, vós havíeis de apedrejar-me — e das pedras romperia fogo para vos incendiar."

O sentido profundo destas palavras não pode ser *falado*, mas tão somente *calado*. E é por esta razão que Tomé preferiu o silêncio, quando o Mestre lhe pediu opinião sobre ele.

O profundo silêncio de Tomé é a mais eloquente declaração da grandeza indizível do Cristo; abriu os canais para o influxo da intuição espiritual.

A última verdade sobre o Cristo não pode ser dita nem pensada. O que se pode pensar já está adulterado; e se o pensado for falado, há uma segunda deturpação; e se esse pensado e falado for escrito, completa-se a terceira falsificação da verdade.

As grandes verdades só podem ser recebidas em total silêncio, mensagem da própria alma do Universo. Por isso, Tomé preferiu calar-se duas vezes: não deu sua opinião sobre o Cristo, nem revelou aos outros o que o Mestre lhe disse quando o levou à parte e lhe falou a sós.

Quem quer saber realmente o que o Cristo é deve calar-se em tão profundo silêncio receptivo que a cosmoplenitude possa plenificar a sua egovacuidade. Podemos apenas soletrar o abc sobre o Cristo, mas, para saber e saborear realmente o que ele é, temos de entrar na Universidade Cósmica do silêncio.

O que há de mais estranho nessa passagem são as palavras que Jesus disse a Tomé: "Eu não sou teu Mestre, porque já ultrapassaste o Jesus humano e entraste na visão do Cristo Cósmico; bebeste do cálice da sabedoria suprema, e por isso preferiste calar-te."

Depois disso, o Mestre levou Tomé à parte e lhe revelou silenciosamente a plenitude do Cristo Cósmico, revelação tão transcendental que Tomé não se atreveu a comunicá-la a seus colegas, que o teriam considerado louco e o teriam apedrejado como blasfemador; mas das próprias pedras teria saído fogo em testemunho da verdade.

Esta revelação anônima e inefável, que o Mestre fez a Tomé, é um dos pontos culminantes do Evangelho. À pergunta "Que vos parece do Cristo?" opõe Tomé o silêncio absoluto, que é a melhor resposta.

Do Cristo Cósmico e do Cristo Telúrico*

O Que é o Cristo Cósmico?
O Cristo Cósmico — o Verbo ou Lógos — é a primeira e mais perfeita manifestação individual da Divindade Universal, o "primogênito" de todas as creaturas.

— Quando se deu esta individuação do Cristo Cósmico?
Deu-se no princípio dos tempos, antes da origem de qualquer outra creatura, visível ou invisível.

— O Cristo Cósmico é Deus?
O Cristo Cósmico é Deus em sua essência eterna, mas é creatura em sua existência temporal: "Eu e o Pai somos um, mas o Pai é maior do que eu."

— Por que o Cristo Cósmico é chamado o Verbo, ou Lógos?
Porque ele é a mais alta manifestação individual do Espírito Universal; assim como o pensamento intuitivo, ou verbo racional, é a causa creadora de todas as coisas, assim é o Pensamento Cósmico, ou Verbo Crítico, o autor do universo imaterial e material: "Por ele foram feitas todas as coisas."

---

* Este capítulo em forma de perguntas e respostas foi extraído do livro *C Catecismo da Filosofia*. Qualitativamente é uma das obras mais importante de Rohden. (N. do E.)

— *Que quer dizer Cristo Telúrico?*
O Cristo Telúrico, ou terrestre, é o mesmo Cristo Cósmico depois da sua encarnação humana, quando o "Verbo se fez carne".

— *O Cristo Telúrico é Jesus?*
Jesus é apenas o veículo visível do Cristo invisível, com o qual está inseparavelmente unido desde a sua encarnação através da Virgem Maria.

— *Qual a diferença entre Cristo e nós?*
O Cristo, tanto na sua forma Cósmica quanto Telúrica, é o espírito divino plenamente atualizado pela consciência de que "eu e o Pai somos um", ao passo que em cada um de nós existe o mesmo espírito divino em estado apenas potencial, devido à consciência do nosso ego separatista.

— *Pode o homem tornar-se igual ao Cristo?*
São Paulo diz que o Cristo é o primogênito entre muitos irmãos "e nós seremos o que ele é; e Jesus afirma que nós faremos as mesmas obras que ele fazia em virtude do seu Cristo, porque o "Pai que está em mim também está em vós", "vós sois deuses".

— *Que é necessário para essa cristificação do homem?*
É necessário que o homem experimente vitalmente a sua intrínseca unidade com o Infinito — "Eu e o Pai somos um" — e realize esta experiência por uma permanente vivência ética.

— *Por que o Cristo é chamado o redentor da humanidade?*
Porque pela sua encarnação humana introduziu ele no mundo um elemento divino que, quando assimilado pelo homem, torna possível a vitória do Eu redentor sobre o ego pecador.

— *Existe autorredenção do homem?*

Existe, sim, autorredenção, que é Cristo-redenção, porque o verdadeiro Eu (*autós*) do homem é o seu Cristo Interno, a "luz do mundo", o "espírito de Deus no homem"; mas não existe egorredenção, porque o ego humano é o autor do seu estado de pecador.

Segunda parte

O Cristo Cósmico no
*Evangelho de Tomé**

1

Quem descobrir o sentido destas palavras, não provará a morte.

2

Quem procura, não cesse de procurar até achar; e, quando achar, será estupefato; e, quando estupefato, ficará maravilhado — e então terá domínio sobre o Universo.

3

Jesus disse: Se vossos guias vos disserem: o Reino está no céu, então as aves vos precederam; o Reino está no mar, então os peixes vos precederam. Mas o Reino está dentro de vós e

---

* A grande vocação de Rohden foi traduzir, comentar e viver a mensagem do Cristo. Toda a sua ação como educador e escritor convergiu para um só ponto — Cristo Cósmico que existiu no Jesus telúrico. Para Rohden, a grande pergunta é: o que é o Cristo? Sua tradução do *Novo Testamento* é clássica. Nos últimos anos de vida, Rohden mergulhou no grande mistério dos evangelhos apócrifos de Tomé e outros escritos não canônicos, ou "esotéricos". Os capítulos da segunda parte deste livro são uma tentativa de Rohden de antologizar os "dizeres" atribuídos a Jesus, não registrados nos evangelhos de Mateus, Marcos, Lucas e João.

também fora de vós. Se vos conhecerdes, sereis conhecidos e sabereis que sois filho do Pai Vivo. Mas se não vos conhecerdes, vivereis em pobreza, e vós mesmos sereis essa pobreza.

4

Jesus disse: O homem idoso perguntará, nos seus dias, a uma criança de sete dias pelo lugar da vida — e ele viverá. Porque muitos primeiros serão últimos, e serão unificados.

5

Disse Jesus: Conhece o que está ante os teus olhos — e o que te é oculto te será revelado; porque nada é oculto que não seja manifestado.

6

Perguntaram os discípulos a Jesus: Queres que jejuemos? Como devemos orar? Como dar esmola? E quais os alimentos que devemos tomar?

Respondeu Jesus: Não mintais a vós mesmos, e não façais o que é odioso! Porquanto todas estas coisas são manifestas diante do céu. Não há nada oculto que não seja manifestado, e não há nada velado que, por fim, não seja revelado.

Em 1976, Rohden traduziu e comentou *O Quinto Evangelho segundo Tomé*, descoberto em 1945 em Nag Hammadi, no Egito, e cujo texto em copta havia sido publicado pela primeira vez em 1959. Como nos outros apócrifos, não há nenhuma sequência quanto à ordem dos "dizeres". Sem dúvida, o texto de Tomé é o mais completo e enigmático.

Sobre este detalhe, Rohden comenta: "Tomé parece interessar-se mais pela enigmática verticalidade do Cristo Cósmico do que pela popular horizontalidade de Jesus."

A tradução de Rohden é baseada na versão francesa de Philip de Soarez feita diretamente dos manuscritos em língua copta encontrada no Egito. A data mais provável de sua composição seriam os meados do primeiro século, possivelmente na Síria. (N. do E.)

7

Bendito o leão comido pelo homem, porque o leão se torna homem! Maldito o homem comido pelo leão, porque esse homem se torna leão!

8

Ele disse: O homem se parece com um pescador ajuizado, que lançou sua rede ao mar. Puxou para fora a rede cheia de peixes pequenos. Mas, entre os pequenos, o pescador sensato encontrou um peixe bom e grande. Sem hesitação, escolheu o peixe grande e devolveu ao mar todos os pequenos. Quem tem ouvidos para ouvir, ouça!

9

Disse Jesus: Saiu o semeador. Encheu a mão e lançou a semente. Alguns grãos caíram no caminho; vieram as aves e os cataram. Outros caíram sobre os rochedos; não deitaram raízes para dentro da terra nem mandaram brotos para o céu. Outros ainda caíram entre espinhos, que sufocaram a semente e o verme a comeu. Outra parte caiu em terra boa, e produziu fruto bom rumo ao céu; produziu sessenta por uma, e cento e vinte por uma.

10

Disse Jesus: Eu lancei fogo sobre a terra — e eis que vigio até que arda.

11

Disse Jesus: Este céu passará, e passará também aquele que está por cima deste. Os mortos não vivem, e os vivos não morrerão. Quando comíeis o que era morto, vós o tornáveis vivo. Quando estiverdes na luz, que fareis? Quando éreis um, vos tornastes dois; mas, quando fordes dois, que fareis?

12

Os discípulos perguntaram a Jesus: Sabemos que nos vais deixar. E quem será então o nosso chefe? Respondeu-lhes Jesus: No ponto onde estais, ireis ter com Tiago, que está a par das coisas do céu e da terra.

13

Disse Jesus a seus discípulos: Comparai-me e dizei-me com quem me pareço eu.
Respondeu Simão Pedro: Tu és semelhante a um anjo justo.
Disse Mateus: Tu és semelhante a um homem sábio e compreensivo.
Respondeu Tomé: Mestre, minha boca é incapaz de dizer a quem tu és semelhante.
Replicou-lhe Jesus: Eu não sou teu Mestre, porque tu bebeste da Fonte borbulhante que te ofereci e nela te inebriaste.

13-A

Então levou Jesus Tomé à parte e afastou-se com ele; e falou com ele três palavras.
E, quando Tomé voltou a ter com seus companheiros, estes lhe perguntaram: Que foi que Jesus te disse? Tomé lhes respondeu: Se eu vos dissesse uma só das palavras que ele me disse, vós havíeis de apedrejar-me — e das pedras romperia fogo para vos incendiar.

14

Disse-lhes Jesus: Se jejuardes, cometereis pecado. Se orardes, sereis condenados. Se derdes esmolas, prejudicareis ao espírito. Quando fordes a um lugar onde vos receberem, comei o que vos puserem na mesa e curai os doentes que lá houver. Pois o que entra pela boca não torna o homem impuro, mas sim o que sai da boca, isto vos tornará impuros.

15

Se virdes alguém que não seja filho de mulher, prostrai-vos de rosto em terra e adorai-o — ele é vosso Pai.

16

Talvez os homens pensem que eu vim para trazer paz à terra, e não sabem que eu vim para trazer discórdias à terra, fogo, espada e guerra.

Haverá cinco numa casa, três contra dois, dois contra três; pai contra filho, e filho contra pai.

E serão solitários.

17

Eu vos darei o que nenhum olho viu, nenhum ouvido ouviu, nenhuma mão tangeu, e que jamais surgiu no coração do homem.

Perguntaram os discípulos a Jesus: Como será o nosso fim? Respondeu-lhes Jesus: Descobristes o princípio para saberdes do fim. Onde há princípio ali também haverá fim. Feliz de quem está no princípio; também conhecerá o fim — e não provará a morte.

19

Disse Jesus: Feliz daquele que era antes de existir. Se vós fordes meus discípulos e realizardes as minhas palavras, estas pedras vos servirão. Há no vosso paraíso cinco árvores, que não se movem no verão e no inverno e cujas folhas não caem; quem as conhecer, esse não provará a morte.

20

Disseram os discípulos a Jesus: Dize-nos, a que se assemelha o Reino dos céus.

Respondeu-lhes ele: Ele é semelhante a um grão de mostarda que é menor que todas as sementes; mas, quando cai em terra, que o homem trabalha, produz um broto e se transforma num abrigo para as aves do céu.

21

Disse Maria a Jesus: Com quem se parecem os teus discípulos?

Respondeu Jesus: Parecem-se com garotos que vivem num campo que não lhes pertence. Quando aparecem os donos do campo, dirão estes: Deixai-nos o nosso campo. E eles desnudam-se diante deles e lhes deixam o campo.

21-A

Por isto vos digo eu: Se o dono da casa sabe quando vem o ladrão, vigia antes da sua chegada e não o deixará penetrar na casa do seu reino para lhe roubar os haveres. Vós, porém, vigiai em face do mundo; cingi os vossos quadris com força para que os ladrões não encontrem caminho até vós. E possuireis o tesouro que desejais.

Sede como um homem de experiência, que conhece o tempo da colheita, e, de foice na mão, ceifará o trigo.

Quem tem ouvidos para ouvir, ouça.

22

Jesus viu crianças de peito a mamarem.

E ele disse a seus discípulos: Essas crianças de peito se parecem com aqueles que entram no Reino. Perguntaram-lhe eles: Se formos pequenos, entraremos no Reino?

Respondeu-lhes Jesus: Se reduzirdes dois a um, se fizerdes o interior como o exterior, e o exterior como o interior, se fizerdes o de cima como o de baixo, se fizerdes um o masculino e o feminino, de maneira que o masculino não seja mais masculino e o feminino não seja mais feminino — então entrareis no Reino.

23

Disse Jesus: Eu vos escolherei, um entre mil, e dois entre dez mil. E eles aparecerão como um só.

24

Seus discípulos pediram: Mostra-nos o lugar onde tu estas; porque nós o devemos procurar. Respondeu-lhes ele:

Quem tem ouvidos, ouça! Há luz dentro dum ser luminoso, e ele ilumina o mundo inteiro. Se não iluminar, ele é treva.

25

Disse Jesus: Ama a teu irmão como a tua própria alma e cuida dele como da pupila dos teus olhos.

26

Jesus disse: Tu vês o argueiro no olho do teu irmão, e não vês a trave no teu próprio olho.

Se tirares a trave do teu próprio olho, verás claramente como tirar o argueiro do olho do teu irmão.

27

Se não jejuardes em face do mundo, não achareis o Reino; se não guardardes o sábado como sábado, não vereis o Pai.

28

Jesus disse: Eu estava no meio do mundo e me revelei a ele corporalmente. Encontrei todos os ébrios, e não encontrei nenhum deles sedento. E minha alma sofria dores pelos filhos dos homens, porque eles são cegos no seu coração e nada enxergam. Assim como entraram no mundo vazios, querem sair do mundo vazios. Agora são bêbados, e só se converterão se abandonarem o seu vinho.

29

Jesus disse: Se a carne foi feita por causa do espírito, é isto maravilhoso. Mas, se o espírito foi feito por causa do corpo, é isto a maravilha das maravilhas. Eu, porém, estou maravilhado diante do seguinte: como é que tamanha riqueza foi habitar em tanta pobreza?

30

Disse Jesus: Onde há três deuses, são deuses. Onde há dois ou um, eu estou com ele.

31

Nenhum profeta é aceito na sua cidade, nem pode um médico curar os que o conhecem.

32

Jesus disse: Uma cidade situada num monte e fortificada não pode cair, nem pode permanecer oculta.

33

O que ouvirdes com um ouvido, anunciai-o com o outro do alto dos telhados; porque ninguém acende uma lâmpada e a põe debaixo do velador, nem em lugar oculto, mas sim no candelabro, para que todos os que entram e saem vejam a luz.

34

Disse Jesus: Quando um cego guia outro cego, ambos cairão na cova.

35

Jesus disse: Ninguém pode penetrar na casa do forte e prendê--lo, se antes não lhe ligar as mãos; só depois saquear-lhe a casa.

36

Disse Jesus: Não andeis preocupados, da manhã até a noite, e da noite até a manhã, sobre o que haveis de vestir.

37

Perguntaram os discípulos a Jesus: Em que dia nos aparecerás? Em que dia te veremos?
Respondeu Jesus: Se vos despojardes do vosso pudor; se, como crianças, tirardes os vossos vestidos e os colocardes sob os vossos pés, percebereis o filho do Vivo — e não conhecereis temor.

38

Disse Jesus: Muitas vezes desejastes ouvir estas palavras que vos digo, e não achastes ninguém que vô-las pudesse dizer. Virão dias em que me procurareis e não me achareis.

39

Disse Jesus: Os fariseus e escribas tiraram a chave do conhecimento e a ocultaram. Nem eles entraram nem permitiram entrar os que queriam entrar. Vós, porém, sede inteligentes como as serpentes e simples como as pombas.

40

Disse Jesus: Uma videira foi plantada fora daquilo que é do Pai; e, como não tem vitalidade, será extirpada pela raiz e perecerá.

41

Jesus disse: Aquele que tem algo na mão, esse receberá; e aquele que não tem, esse até perderá o pouco que tem.

42

Disse Jesus a seus discípulos: Sede transeuntes!

43

Disseram-lhe os discípulos: Quem és tu que nos dizes tais coisas? Respondeu-lhes ele: Pelas coisas que vos digo não conheceis quem eu sou? Vós sois como os judeus, que amam a árvore e detestam o seu fruto; ou amam o fruto e detestam a árvore.

44

Disse Jesus: Quem blasfemar contra o Pai receberá a graça; quem blasfemar contra o Filho receberá a graça; mas quem blasfemar contra o Espírito Santo, esse não receberá a graça nem na terra nem no céu.

45

Disse Jesus: Não se colhem uvas de espinheiros, nem figos de abrolhos, que não produzem frutos. O homem bom tira coisas boas do seu tesouro; o homem mau tira coisas más do tesouro mau do seu coração, fala coisas más da abundância do seu coração.

46

Disse Jesus: Desde Adão até João Batista, não há ninguém maior entre os nascidos de mulher do que João Batista, porque seus olhos não foram violados. Mas eu disse: Aquele que entre vós se tornar pequeno conhecerá o Reino e será maior do que João.

47

Disse Jesus: O homem não pode montar em dois cavalos, nem pode tender dois arcos. O servo não pode servir a dois senhores; ou amará um e odiará outro. Nenhum homem que bebeu vinho velho deseja beber vinho novo. Não se deita vinho novo em odres velhos, com medo de que se rompam; vinha novo se deita em odres novos, para que não se perca. Não se cose um remendo velho em roupa nova, para não causar rasgão.

48

Disse Jesus: Se dois viverem em paz e harmonia na mesma casa, dirão a um monte "sai daqui!" — e ele sairá.

49

Disse Jesus: Felizes sois vós, os solitários e os eleitos, porque achareis o Reino. Sendo que vós saístes dele, a ele voltareis.

50

Disse Jesus: Se os homens vos perguntarem donde viestes, respondei-lhes: Nós viemos da luz, lá onde ela nasce de si mesma, surge e se manifesta em sua imagem. E se vos perguntarem: Quem sois vós? Respondei-lhes: Nós somos os filhos eleitos do Pai vivo.

Se os homens vos perguntarem: Qual é o sinal do Pai em vós? Respondei: É movimento e repouso ao mesmo tempo.

51

Seus discípulos perguntaram: Quando virá o repouso dos mortos e em que dia virá o mundo novo?

Respondeu-lhes ele: Aquilo que vós aguardais já veio — mas vós não o conheceis.

52

Disseram-lhe os discípulos: 24 profetas falaram em Israel, e todos falaram de ti.

Respondeu-lhes ele: Rejeitastes aquele que está vivo diante de vós, e falais dos mortos.

53

Perguntaram-lhe os discípulos: A circuncisão é útil ou não?

Respondeu-lhe ele: Se ela fosse útil, o homem já nasceria circuncidado. A verdadeira circuncisão é espiritual, e esta é útil a todos.

54

Disse Jesus: Felizes os pobres, porque vosso é o Reino dos céus.

55

Disse Jesus: Quem não odiar seu pai e sua mãe não pode ser meu discípulo. Quem não odiar seus irmãos e suas irmãs não é digno de mim.

56

Disse Jesus: Quem conhece o mundo, achou um cadáver; e quem achou um cadáver, dele não é digno o mundo.

57

Jesus disse: O Reino do Pai é semelhante a um homem que semeou boa semente em seu campo. De noite, porém, veio seu inimigo e semeou erva má no meio da semente boa. O senhor do campo não permitiu que se arrancasse a erva má, para evitar que, arrancando esta, também fosse arrancada a erva boa. No dia da colheita se manifestará a erva má. Então será ela arrancada e queimada.

58

Feliz do homem que foi submetido à prova — porque ele achou a vida.

59

Disse Jesus: Olhai para o Vivo, enquanto viveis, para que não morrais e desejeis ver aquele que já não podeis ver.

60

Ao entrarem na Judeia, eles viram um samaritano que carregava uma ovelha. Jesus disse a seus discípulos: Por que a carrega?

Responderam eles: Para matá-la e comê-la.
Disse-lhes Jesus: Enquanto a ovelha está viva, ele não poderá comê-la; só depois de morta e cadáver.
Replicaram eles: De outro modo não a pode comer. Respondeu-lhes Jesus: Procurai para vós um lugar de repouso, para que não vos torneis cadáveres e sejais devorados.

61

Disse Jesus: Haverá dois na mesma cama: um viverá, outro morrerá.
Replicou Salomé: Quem és tu, ó homem? Como que saído de um só? Tu que usavas a minha cama e comias à minha mesa?
Respondeu Jesus: Eu vim daquele que é todo um em si; isto me foi dado por meu Pai.
Disse Salomé: Eu sou discípula tua.
Vem a propósito o dito: Quando o discípulo é vácuo, será repleto de luz; mas quando é dividido, ele será repleto de treva.

62

Eu revelo os meus mistérios àqueles que são idôneos para ouvi-los. O que tua mão direita faz não o saiba a tua mão esquerda.

63

Disse Jesus: Um homem rico tinha muitos bens. E disse:
Vou aproveitar os meus bens; vou semear, plantar, colher e encher os meus armazéns, a ponto de não ter falta de nada. Foi isto que ele pensou em seu coração. E nesta noite ele morreu.
Quem tem ouvidos para ouvir, ouça!

64

Disse Jesus: Um homem fez um banquete e, depois de tudo preparado, enviou seu servo para chamar os convidados. Este foi ter com o primeiro e lhe disse: Meu senhor te convida para o banquete. O homem respondeu: Uns negociantes me devem dinheiro; eles vêm à minha casa esta noite, e eu tenho de falar com eles; peço-te que me dispenses de comparecer ao jantar.

O servo foi ter com outro e lhe disse: Meu senhor te convidou.

Este respondeu: Comprei uma casa, e marcaram um dia para mim; não tenho tempo para ir.

Foi ter com outro, dizendo: Um amigo meu vai casar-se, e eu fui convidado para preparar a refeição; não posso atender; favor dispensar-me.

Foi ter com outro e disse: Meu senhor te convida. Este respondeu: Comprei uma vila e vou cobrar a renda; não posso comparecer; queira excusar-me.

O servo voltou e comunicou a seu senhor: Os convidados ao banquete pedem que os dispenses de comparecerem.

Disse o senhor a seu servo: Vai pelos caminhos e traze os que encontrares, para que venham ao meu banquete; mas os compradores e negociantes não entrarão nos lugares de meu Pai.

65

Disse ele: Um homem tinha uma vinha. Arrendou-a a uns colonos para a cultivarem, a fim de receber deles o fruto. Enviou seu servo para receber o fruto da vinha. Os colonos prenderam o servo e o espancaram a ponto de quase o matar.

O servo foi dar parte a seu senhor. Esse disse: Talvez eles não o tenham conhecido, e enviou-lhes outro servo. Mas eles espancaram também este. Então o senhor mandou seu filho, dizendo: Talvez tenham respeito a meu filho.

Mas, como os colonos soubessem que esse era o herdeiro da vinha, prenderam-no e o mataram.

Quem tem ouvidos para ouvir, ouça!

66

Disse Jesus: Mostrai-me a pedra que os arquitetos rejeitaram. Ela é a pedra angular.

67

Disse Jesus: Quem conhece o Universo, mas não se possui a si mesmo, esse não possui nada.

68

Disse Jesus: Felizes sois vós, se vos rejeitarem e odiarem. E lá onde vos tiraram e odiaram não será encontrado lugar algum.

69

Disse Jesus: Felizes no seu coração são os perseguidos, os que na verdade conhecem o Pai.

Felizes são os famintos, porque o corpo dos que sabem querer será saciado.

70

Jesus disse: Se fizerdes nascer em vós aquele que possuis, ele vos salvará; mas se não possuirdes em vós a este, então sereis mortos por aquele que não possuis.

71

Disse Jesus: Destruirei esta casa, e ninguém a poderá reconstruir.

72

Alguém disse a Jesus: Dize a meus irmãos que repartam comigo os bens de meu Pai.
Respondeu Jesus: Homem, quem me constituiu partidor?
E dirigindo-se a seus discípulos, disse-lhes: Será que eu sou um partidor?

73

Disse Jesus: Grande é a messe, e poucos são os operários. Pedi, pois, ao Senhor para que mande operários à sua messe.

74

Disse ele: Senhor, muitos rodeiam a fonte, mas ninguém entra na fonte.

75

Disse Jesus: Muitos estão diante da porta — mas somente os solitários é que entram na sala nupcial.

76

Disse Jesus: O Reino é semelhante a um negociante que possuía um armazém. Achou uma pérola, e, sábio como era, vendeu todo o armazém e comprou essa pérola única. Procurai também vós o tesouro imperecível, que se encontra lá onde as traças não se aproximam para comê-lo nem os vermes o destroem.

77

Disse Jesus: Eu sou a luz, que está acima de todos. Eu sou o "Todo". O Todo saiu de mim, e o Todo voltou a mim. Rachai a madeira — lá estou eu. Erguei a pedra — lá me achareis.

78

Disse Jesus: Por que saístes ao campo? Para verdes um caniço agitado pelo vento? Ou um homem vestido de roupas macias? Os reis e grandes vestem roupas macias — e eles não poderão conhecer a verdade.

79

Uma mulher da multidão disse-lhe: Feliz o ventre que Te gestou e os seios que Te amamentaram.
Respondeu ele: Felizes os que ouviram o Verbo do Pai e viveram a Verdade. Porque virão dias em que direis: Feliz o ventre que não concebeu e felizes os seios que não amamentaram.

80

Disse Jesus: Quem conheceu o mundo achou o corpo. Mas quem achou o corpo, desse tal não é digno o mundo.

81

Quem ficou rico, saiba dominar-se; quem ficou poderoso, saiba renunciar.

82

Quem está perto de mim está perto da chama; quem está longe de mim está longe do Reino.

83

Disse Jesus: As imagens se manifestam ao homem, e a luz que está oculta nelas — na imagem da luz do Pai — ela se revelará e sua imagem será oculta pela luz.

84

Disse Jesus: Quando virdes a vossa semelhança, alegrai-vos. Mas quando virdes o vosso modelo, que desde o princípio estava em vós e nunca morrerá, nem jamais se revela plenamente — será que suportareis isso?

85

Disse Jesus: Adão nasceu de um grande poder e de uma grande riqueza. Mas não era digno deles. Se deles fosse digno, não teria morrido.

86

Disse Jesus: As raposas têm as suas cavernas; as aves têm os seus ninhos — mas o Filho do Homem não tem onde repousar a cabeça.

87

Miserável o corpo que depende de outro corpo, miserável a alma que depende desses dois.

88

Os arautos e os profetas irão ter convosco e vos dar; o que é vosso. Dai-lhes também vós o que é deles.

89

Disse Jesus: Por que lavais o exterior do recipiente? Não sabeis que o mesmo que creou o interior creou também o exterior?

90

Jesus disse: Vinde a mim, porque o meu jugo é suave e o meu domínio é agradável — e achareis repouso para vós mesmos.

91

Disseram-lhe eles: Dize-nos quem és tu, para que tenhamos fé em ti.
Respondeu-lhes ele: Vós examinais o aspecto do céu e da terra e não conheceis aquele que está diante de vós. Não sabeis dar valor ao tempo presente.

92

Disse Jesus: Procurai, e achareis. O que me perguntastes nesses dias, eu não vo-lo disse; agora vo-lo digo — e não me perguntais.

93

Não deis as coisas puras aos cães, para que não as arrastem ao lodo. Nem lanceis as pérolas aos porcos, para que não as conspurquem.

94

Quem procura achará; a quem bate abrir-se-lhe-á.

95

Quando tendes dinheiro, não o empresteis contra juros, mas dai-o a quem não vo-lo possa restituir.

96

O Reino do Pai é semelhante a uma mulher que tomou um pouco de fermento, misturou-o com a massa e fez dela grandes pães.
Quem tem ouvidos para ouvir, ouça.

97

Disse Jesus: O Reino é semelhante a uma mulher que levava por um longo caminho uma vasilha cheia de farinha. Pelo caminho, uma alça da vasilha quebrou e a farinha se espalhou atrás dela sem que ela o percebesse; e por isto não se afligiu. Chegada em casa, ela colocou a vasilha no chão — e achou-a vazia.

98

Disse Jesus: O Reino do Pai é semelhante a um homem que quis matar um poderoso. Em sua casa desembainhou a espada e a enterrou na parede para certificar-se de que a sua mão era assaz forte. Depois foi matar o poderoso.

99

Seus discípulos lhe disseram: Teus irmãos e tua mãe estão lá fora.
Respondeu-lhes ele: Os que, nesses lugares, fazem a vontade de meu Pai são meus irmãos e minha mãe, e são eles que entrarão no Reino de meu Pai.

100

Mostraram a Jesus um pedaço de ouro e disseram: Os agentes de César exigem de nós o pagamento do imposto.
Respondeu ele: Dai a César o que é de César, e dai a Deus o que é de Deus — e dai a mim o que é meu.

101

Quem não abandona seu pai e sua mãe, como eu, não pode ser meu discípulo. E quem não amar seu Pai e a sua Mãe, como eu, esse não pode ser meu discípulo; porque minha mãe me gerou, mas minha Mãe verdadeira me deu a vida.

102

Disse Jesus: Ai dos fariseus! Eles se parecem com um cão deitado no cacho dos bois; não come nem deixa os bois comerem.

103

Disse Jesus: Feliz do homem que sabe por onde penetram os ladrões! Assim pode erguer-se, reunir forças e estar alerta e pronto antes que eles venham.

104

Disseram-lhe: Vinde, vamos hoje orar e jejuar.
Respondeu Jesus: Que falta cometi eu, em que ponto sucumbi? Mas quando o esposo sair do seu tálamo nupcial, então oraremos e jejuaremos.

105

Disse Jesus: O Reino é semelhante a um pastor que tinha 100 ovelhas. Uma delas se extraviou, e era a maior delas. Deixou as 99 e foi em busca daquela única até achá-la. E, depois de achá-la, lhe disse: eu te amo mais do que as 99.

106

Disse Jesus: Quem conhece seu pai e sua mãe, porventura será chamado filho de prostituta?

107

Disse Jesus: Se de dois fizerdes um, então vos fareis Filho do Homem. E então, se disserdes e este monte "retira-te daqui" — ele se retirará.

108

Disse Jesus: Quem beber da minha boca se tornará como eu. E eu serei o que ele é. E as coisas ocultas lhe serão reveladas.

109

Disse Jesus: O Reino se parece com um homem que possuía um campo no qual estava oculto um tesouro de que ele nada sabia. Ao morrer, deixou o campo a seu filho, que também não sabia de nada; tomou posse e vendeu o campo — mas o comprador descobriu o tesouro ao arar o campo.

110

Disse Jesus: Quem achou o mundo e se enriqueceu renuncie ao mundo.

111

Disse Jesus: O céu e a terra se desenrolarão diante de vós, e quem vive do Vivente não verá a morte. Quem se acha a si mesmo, dele não é digno o mundo.

112

Disse Jesus: Deplorável a carne que depende da alma! Deplorável a alma que depende da carne!

113

Os discípulos perguntaram-lhe: Em que dia vem o Reino?
Jesus respondeu: Não vem pelo fato de alguém esperar por ele; nem se pode dizer, ei-lo aqui! ei-lo acolá! O Reino está presente no mundo inteiro, mas os homens não o enxergam.

114

Simão Pedro disse: Seja Maria afastada de nós, porque as mulheres não são dignas da vida.
Respondeu Jesus: Eis que eu a atrairei, para que ela se torne homem, de modo que também ela venha a ser um espírito vivente, semelhante a vós homens. Porque toda mulher que se fizer homem entrará no Reino dos céus.*

---

* Este texto aparece no livro *O Quinto Evangelho segundo Tomé*, amplamente comentado por Rohden. É leitura obrigatória para se compreender a mensagem do apóstolo.

O Cristo Cósmico no
*Apócrifo de Tiago**

Ai de vocês, infelizes!
Ai de vocês, miseráveis!
Ai de vocês, enganadores da verdade eterna!
Ai de vocês, falsificadores do conhecimento!
Ai de vocês, pecadores contra o espírito cósmico!

Como atrevem ainda ouvir,
quando deveriam ter falado desde o começo?

Como ousam ainda permanecer dormindo,
quando deveriam ter vigiado desde o início,
para que o reino dos céus os recebesse a todos?

---

* Sabemos que, fora das páginas do *Novo Testamento*, há pouca informação sobre Jesus, o Cristo. O primeiro testemunho não cristão é a carta que Plínio, o Moço, procônsul da Bitínia, dirigiu no ano de 112 ao Imperador Trajano. Plínio pergunta-lhe o que deve fazer com os cristãos.

O segundo testemunho, o de Tácito, é quase contemporâneo ao de Plínio — aproximadamente 115 da nossa era; a notícia está registrada nos seus *Anais*.

A terceira testemunha, um pouco posterior a Tácito, aproximadamente em 120, é Suetônio. O quarto testemunho, o mais antigo de todos, remontando a 93-94, se encontra nas *Antiguidades Judaicas* do historiador Flávio Josefo.

Ele menciona Jesus duas vezes. O quinto testemunho se acha no *Talmud* judeu. São palavras injuriosas, quase sem valor.

A primeira testemunha cristã anterior aos evangelistas é Paulo. Inimigo fanático de Jesus e perseguidor dos cristãos antes de sua conversão, ocorrida, provavelmente, no outono do ano 34.

Em verdade Eu lhes digo,
é mais fácil um ser puro cair nas coisas imundas,
e um homem de luz cair nas trevas,
do que vocês reinarem —
ou não reinarem.

Em verdade, em verdade eu digo a vocês:

ninguém será salvo
se não acreditar na minha cruz,
Mas os que acreditarem na minha cruz,
deles é o reino de Deus todo poderoso.

Assim, — eu digo:
busquem a morte,
como os mortos que buscam a vida,
pois aquilo que buscam lhes é revelado.
E o que poderá afligi-los?

E quando vocês se voltarem para a morte,
ela lhes mostrará a predestinação

Em verdade, em verdade lhes digo,
nenhum desses que temem a morte
há de ser salvo.

Este capítulo apresenta trechos do *Evangelho Apócrifo de Tiago*, e como *O Evangelho segundo Tomé*, foi descoberto em Nag Hammandi em 1945. É o testemunho de sua contemporaneidade com Cristo. Não há uma estrutura narrativa, são "dizeres" do Cristo, num diálogo com Pedro e Tiago, o Justo. Os textos são pouco conhecidos entre o comum dos leitores, mas se completam com a doutrina sobre o Reino exposta nos evangelhos canônicos.

Rohden, no fim de sua vida terrena, trabalhava na tradução comentada do *Evangelho Apócrifo de Tiago*, tarefa que, no entanto, não pôde concluir. Por se tratar de um segmento importante de seus estudos sobre o Cristo Cósmico, reproduzimos aqui sua tradução.

Pois o reino de Deus pertence somente
aos que se entregaram à morte.

Ouçam:
Não deixem que o reino dos céus se torne
desolado entre vocês. Não se tornem orgulhosos e
arrogantes com a luz que ilumina.
Antes, sejam consigo mesmos como eu sou com
vocês. Pois eu me coloquei sob todo mal
para que vocês fossem eternamente salvos.

Ai de vocês que estão sem um defensor!
Ai de vocês que carecem de graça!

Abençoados os que falaram livremente
e obtiveram graça de si e do Pai.

Tornem-se assim como estranhos;
como são eles aos olhos da sua cidade?
Por que vocês se angustiam
quando por sua própria vontade se expulsam
e se afastam da sua cidade?
Por que, por sua própria vontade, vocês abandonam
as suas moradas,
deixando-as prontas para os que nelas querem habitar?
Exilados e fugitivos!
Ai de vocês, pois serão pegos!

Ou talvez imaginem que o Pai tenha amor pelos
seres humanos?
Ou que seja persuadido por orações e jejuns?
Ou que conceda graça a um por causa de outro?
Ou que suporta aquele que pede?

Pois ele conhece o desejo e a vontade
e também aquilo de que a carne precisa.

Não é [o corpo] que anseia pela alma,
pois sem a alma o corpo não peca,
assim como a alma não é salva sem o espírito Total.

Mas se a alma é salva quando isenta do mal,
e se o espírito também é salvo,
então o corpo há de ficar sem pecado.
Pois é o espírito que anima a alma,
mas é o corpo que a mata —
isto é, [a alma] é que mata a si mesma.

Em verdade, em verdade Eu lhes digo,

[Deus] jamais perdoará a alma do pecado, nem o corpo da culpa.
Pois nenhum dos que vestiram a carne
há de ser salvo.

Ou vocês pensam
que muitos encontraram o reino dos céus?

Feliz
o que se vê como o quarto nos céus.

Sejam cuidadosos a respeito das Palavras,
pois a primeira condição da Palavra é — fé;
a segunda — amor;
a terceira — obras.

Daí vem a Vida Eterna.
Pois a Palavra é como um grão de trigo.
Se alguém o semeou,
foi por ter fé;
ao germinar,
soube amá-lo,
pois anteviu muitos grãos em lugar de um só;

e quando o trabalhou,
foi salvo,
pois preparou-o como comida.
E deixou outros grãos para semear,

Assim também é possível
que vocês recebam o reino dos céus — que está
dentro de vós;
se não o receberem pelo conhecimento,
não conseguirão encontrá-lo, jamais.

Em verdade lhes digo:

ninguém jamais entrará no reino dos céus por eu
pedir, mas antes
porque vocês mesmos estão plenos de graça.

Porque o reino dos céus é como uma espiga
de cereal quando já brotou num campo.
Ao amadurecer, espalhou o seu fruto e assim
encheu o campo com outras espigas para o ano
seguinte: Também vocês, cuidem de colher
para si uma espiga de vida Eterna, para que o
reino os deixe plenos.

Cuidem para serem salvos sem serem instigados.
Antes, preparem-se sozinhos e, se possível,
partam antes de mim.
Pois assim o Pai os amará como me ama.

Vocês não desejam, então, ficar plenos?
E o coração de vocês está embriagado?
não desejam, então, ficar sóbrios?
Sintam, ao menos, tristeza e vergonha!

E agora, despertos ou dormindo,
lembrem-se de que viram o Filho do Homem,
e com ele falaram,
e com ele comeram,
e a ele ouviram.

Ai daqueles que viram o Filho do Homem
Abençoados os que não viram o Homem,
e os que não se associaram com ele,
e os que não falaram com ele,
e os que nada ouviram dele.
A vida eterna é de vocês!

Saibam, então,
que ele os curou quando estavam doentes,
para que pudessem viver.

Ai daqueles que encontraram o descanso final
de sua doença,
pois voltarão a recair na doença!
Abençoados os que estiveram doentes e infelizes,
e encontraram alívio antes de caírem doentes.
O reino de Deus lhes pertence!

Digo-lhes, então:

fiquem cheios
e não deixem nada vazio dentro de vocês,
pois Aquele Que Vem pode ridicularizá-los.

Portanto,
obedeçam-me, irmãos.
Compreendam o que é a grande Luz.
O Pai não precisa de mim.
Pois um pai não precisa do filho,
o filho é que precisa do pai.

Eu estou indo para ele,
pois o Pai do Filho não está precisando de vocês.

Por tudo isso eu lhes disse,
fiquem cheios e plenos,
para não acontecer de se esvaziarem.
Contudo, os que forem esvaziados
não serão salvos.
Pois bom é o estar cheio,
e mau o ficar vazio.
Portanto, meus amigos,

assim como é bom que vocês estejam vazios
e, inversamente,
é mau estar cheio,
também
aquele que está cheio fica vazio;
e o que foi esvaziado não fica cheio
como o foi esvaziado fica cheio,
e o que está cheio, por sua vez,
traz sua suficiência à plenitude cósmica.

Portanto — meus irmãos,

é bom que vocês se esvaziem
enquanto ainda puderam ficar cheios,
e que se encham
enquanto ainda puderam ser esvaziados,
para que possam ficar ainda mais e mais cheios.

Portanto, digo-lhes:
encham-se do Espírito Santo
mas esvaziem-se do intelecto.
Pois o intelecto é da alma;
e é alma.

Odeiem a hipocrisia e o pensamento mau.
Pois é o pensamento que faz nascer a hipocrisia,
mas a hipocrisia está longe da verdade.

Eis que vou me afastar de vocês todos.
Estou indo, agora
e já não quero mais permanecer com vocês —
como vocês mesmos também não quiseram.
Sigam-me, então, e depressa.

Por isso, eu lhes digo,
que por amor de vocês eu desci aqui.
Vocês são os muito amados,
os que se tornarão
motivo de vida para muitos.

Supliquem ao Pai dos céus.
Implorem sempre a Deus,
e ele lhes dará.

Bendito aquele que os viu com ele
quando ele for proclamado em meio aos anjos
e glorificado em meio aos santos.

A vida é de vocês!

Cantem, dancem e alegrem-se como
legítimos filhos de Deus.
Cumpram a sua vontade.
para assim serem salvos eternamente.
Aceitem de mim a repreensão
e salvem-se a si mesmos.

Eu intercedo e peço por vocês
junto ao Pai,
e ele muito lhes perdoará e muito lhes dará.

O Cristo Cósmico no
*Evangelho de Pedro**

Em 1886 descobriu-se no sepulcro de um monge cristão em Akhmin, Alto Egito, um manuscrito que continha o *Livro de Enoch, O Evangelho de Pedro* (fragmentos) e uma descrição fragmentária do céu e do inferno.

Parece que Justino conheceu esse texto, o que faz remontar sua origem a antes de 150. Mais tarde, Serapion, bispo de Antióquia, encontrou-o em poder dos fiéis de sua diocese.

Ele só nos chegou fragmentado, faltando-lhe a parte inicial e a final. Pela aversão que demonstra pelos judeus, o autor deve ter sido um cristão helenizado.

Quanto ao conteúdo, a narração inicia-se com a recusa de Herodes e dos outros judeus a "lavar as mãos", a exemplo de Pilatos.

Esse Evangelho não acrescenta muito aos narrados nos Evangelhos Canônicos. Descreve o medo dos judeus quando se fez noite — por causa da lei que proibia "o sol pôr-se sobre um justiçado" —, e sua alegria por voltar o sol a brilhar e verificarem ser a hora nona.

---

* Em 1976, logo após ter terminado a sua tradução comentada do livro *O Quinto Evangelho segundo Tomé*, o professor Rohden começou a trabalhar num projeto editorial de grande fôlego — a tradução, organização e comentário dos evangelhos apócrifos.

A partir de então, em suas aulas, conferências e retiros espirituais, Rohden vinha falando e escrevendo sobre os textos evangélicos não canônicos.

Jesus Cristo é sepultado no *Jardim de Arimateia*; os anciãos e sacerdotes do Templo arrependem-se, à vista de tantos sinais, já antes mesmo da Ressurreição. O texto refere-se ainda à guarda do sepulcro, aos "céus abertos" e aos dois jovens que foram buscar Cristo.

Quando o centurião e a guarda vão pôr Pilatos a par dos acontecimentos, pedem-lhe manter segredo do fato, porque se o povo viesse a saber que o Filho de Deus é que havia sido morto, certamente eles todos seriam lapidados. Preferem cometer pecado diante de Deus, a serem acusados pelo povo.

A narrativa é introduzida quando Pedro conta que ele, André e Levi apanharam suas redes e se dirigiram para o mar. Ou o autor omitiu a referência à viagem deles para a Galileia, ou se trata de mera ignorância da geografia da Palestina. Jerusalém não é banhada pelo mar, e a Galileia fica a uma grande distância da Cidade Santa. De qualquer modo, não se explica a presença de material de pesca em Jerusalém.

1

Entre os judeus, porém, ninguém lavou as mãos; nem Herodes nem nenhum de seus juízes. E, por não quererem lavar-se, Pilatos levantou-se.

Então o rei Herodes mandou que se encarregassem do Senhor, dizendo-lhes: "Executai o que acabo de ordenar e façais com ele".

Infelizmente, grande parte deste material não foi encontrado, dificultando a organização de seus últimos escritos.

No presente livro, como elemento complementar e com a intenção de melhor informar os leitores, resolvemos incluir o *Evangelho de Pedro*, traduzido e compilado por Maria Helena de Oliveira Tricca, e publicado pela Editora Mercuryo, de São Paulo, sob o título *Apócrifos — Os Proscritos da Bíblia*. Recomendamos a leitura desse livro para melhor compreensão do assunto. (N. do E.)

2

José, o amigo de Pilatos e do Senhor, encontrava-se ali na ocasião. E sabendo que iam crucificá-lo, aproximou-se de Pilatos para pedir o corpo do Senhor para levá-lo à sepultura.

Pilatos, por sua vez, mandou um recado a Herodes e pediu--lhe o corpo de Jesus.

E Herodes disse: "Irmão Pilatos, mesmo que ninguém o houvesse reclamado, nós mesmos ter-lhe-íamos dado sepultura, pois já se aproxima o *Sabbath* e está escrito na lei que o sol não deve pôr-se sobre um justiçado." E, com isso, entregou-o ao povo no dia anterior ao dos Ázimos, sua festa.

3

E eles, segurando o Senhor, davam-lhe empurrões e diziam: "Arrastemos o Filho de Deus, já que veio cair em nossas mãos."

Depois vestiram-no de púrpura e fizeram com que se sentasse no tribunal, dizendo: "Julga com equidade, ó rei de Israel."

E um deles trouxe uma coroa de espinhos e colocou-a na cabeça do Senhor.

Alguns dos presentes cuspiram-lhe no rosto, enquanto que outros davam-lhe bofetadas na face, e outros ainda o feriam com um pau. E havia quem lhe batesse dizendo: "Esta é a homenagem que rendemos ao Filho de Deus."

4

Depois, levaram dois ladrões e crucificaram o Senhor no meio deles. Mas ele permanecia calado como se não sentisse dor alguma.

E quando prepararam a cruz escreveram em cima: "Este é o rei de Israel."

E, depositadas as vestes diante dele, dividiram-nas em lotes e deitaram os dados sobre elas.

Um daqueles malfeitores, porém, repreendeu-os dizendo:

"Nós sofremos assim pelas iniquidades que fizemos; mas este, que veio para ser o Salvador dos homens, em que pode havê--los prejudicado?"

E indignados contra ele, ordenaram que não lhe quebrassem as pernas para que morresse entre os tormentos.

5

Era então meio-dia, e a escuridão tomou conta de toda a Judeia. Foram então tomados pela agitação, temendo que o sol se pusesse, pois Jesus ainda estava vivo, e a lei dizia que "o sol não deve pôr-se sobre um justiçado".

Então um deles disse: "Dá-lhe de beber fel com vinagre."[1] E, fazendo a mistura, deram-lhe a beberagem.

E cumpriram tudo, preenchendo a medida das iniquidades acumuladas sobre suas cabeças.

E muitos andavam por ali servindo-se de lanternas, já que pensavam que fosse noite, e caíam por terra.

E o Senhor elevou sua voz, dizendo: "Força minha, força minha, tu me abandonaste." E, dizendo isto, volatilizou-se e subiu ao céu.

Naquele mesmo momento, o véu do templo de Jerusalém rasgou-se em duas partes.

6

Então tiraram os cravos das mãos do Senhor e o estenderam no chão.

E a terra tremeu e um enorme pânico sobreveio.

Logo o sol brilhou, e comprovou-se que era a hora nona.

Alegraram-se, então, os judeus e entregaram o corpo a José para que lhe desse sepultura, uma vez que este havia sido testemunha de todo o bem que Jesus havia feito.

---

[1] Essa mistura entorpecia o cérebro, como uma droga. (N. do E.)

E, pegando o corpo do Senhor, lavou-o, envolveu num lençol e colocou-o em sua própria sepultura, chamada *Jardim de José*.

7

Então, os judeus, os anciãos e os sacerdotes perceberam o mal que haviam acarretado para si próprios e começaram bater no peito dizendo: "Malditas as nossas iniquidades! Eis aqui que chega o juízo e o fim de Jerusalém."

Eu, de minha parte, estava sumido na aflição juntamente com meus amigos, e, feridos no mais profundo da alma mantinhamo-nos escondidos. Pois éramos tidos como malfeitores e como aqueles que pretendiam incendiar o templo.

Por todas essas coisas, jejuávamos e permanecíamos sentados, lamentando-nos e chorando noite e dia até *Sabbath*.

8

Entretanto, reunidos entre si, os escribas, os fariseus e os anciãos ao ouvir que o povo murmurava e batia no peito dizendo: "Quando de sua morte sobrevieram sinais tão assombrosos, como dizer que não foi um justo", fugiram de medo e foram ter à presença de Pilatos em tom de súplica, dizendo:

"Dá-nos soldados para que custodiem o sepulcro durante três dias, pois pode acontecer que seus discípulos venham, retirem o seu corpo e o povo venha a nos fazer algum mal, acreditando que ressuscitou de entre os mortos."

Pilatos, então, entregou-lhes Petrônio e um centurião com soldados para que custodiassem o sepulcro. E com eles foram também até o túmulo os anciãos e os escribas.

E, girando uma grande pedra, todos os que ali se encontravam presentes, juntamente com o centurião e os soldados, puseram-se na porta do sepulcro.

Além disso, gravaram sete selos e depois de armar uma tenda, puseram-se a fazer a guarda.

9

E bem cedo, ao amanhecer o *Sabbath*, uma grande multidão veio de Jerusalém e das redondezas para ver o sepulcro selado.

Mas durante a noite que precedia o domingo, enquanto os soldados estavam fazendo a guarda de dois a dois, uma grande voz produziu-se no céu.

E viram os céus abertos e dois homens que desciam, tendo à volta de um grande resplendor, e aproximaram-se do sepulcro.

E aquela pedra que haviam colocado sobre a porta rolou com o seu próprio impulso e pôs-se de lado, com o que o sepulcro ficou aberto e ambos os jovens entraram.

10

Então, ao verem isto, aqueles soldados despertaram o centurião e os anciãos, já que também estes encontravam-se a fazendo a guarda.

E, estando eles explicando o que acabara de acontecer, viram três homens que saíam do sepulcro, dois dos quais servindo de apoio a um terceiro, e uma cruz que ia atrás deles.

E a cabeça dos dois primeiros chegava até o céu, enquanto que a daquele que era conduzido por eles ultrapassava os céus.

E ouviram uma voz vinda dos céus que dizia: "Pregaste para os que dormem?"

E da cruz fez-se ouvir uma resposta: "Sim."

11

Então eles passaram a combinar como contariam o ocorrido a Pilatos.

E, enquanto se encontravam ainda confabulando entre si novamente apareceram os céus abertos e um homem desceu e entrou no sepulcro.

Os que estavam junto ao centurião, vendo isso, apressaram--se a ir a Pilatos ainda de noite, abandonando o sepulcro que custodiavam. E, cheios de agitação, contaram o que haviam visto, dizendo: "Era verdadeiramente o Filho de Deus."

Pilatos respondeu desta maneira: "Eu estou limpo do sangue do Filho de Deus; fostes vós que assim quisestes."

Depois, todos se aproximaram e pediram encarecidamente que ordenasse ao centurião e aos soldados que guardassem segredo sobre o que haviam visto.

"Pois é preferível — diziam — sermos réus do maior crime na presença de Deus a cair nas mãos do povo judeu e sermos apedrejados."

Então, Pilatos ordenou ao centurião e aos soldados que não dissessem nada.

12

Na manhã de domingo, Maria Madalena, discípula do Senhor — amedrontada por causa dos judeus, pois estavam cheios de ira, não havia feito no sepulcro do Senhor o que costumavam fazer as mulheres pelos seus mortos queridos.

Levou consigo suas amigas e foi até o sepulcro no qual havia sido depositado.

Temiam, porém, ser vistas pelos judeus e diziam: "Já que não nos foi possível chorar e lamentar naquele dia em que foi crucificado, façamo-lo agora pelo menos em seu sepulcro."

"Mas quem removerá a pedra que foi deixada à porta do sepulcro, para que possamos entrar e sentar junto a ele e fazer o que é devido?"

"A pedra é muito grande e temos medo de que alguém nos veja. E se isto não nos for possível, ao menos joguemos na porta o que levamos em sua memória; choremos e golpearemos o peito até voltarmos para casa."

13

Foram, então, e encontraram o sepulcro aberto. E nesse instante viram ali um jovem sentado no centro do túmulo, formoso e coberto de vestes alvíssimas, que lhes disse:

"A que vindes? A quem buscais? Porventura aquele que foi crucificado? Já ressuscitou e se foi. E se não quiserdes crer, acercai-vos e vede o lugar onde jazia. Não está, pois ressuscitou e se foi para o lugar de onde foi enviado."

Então as mulheres, aterrorizadas, fugiram.

Esse era o último dia dos Ázimos e muitos partiam de volta para suas casas uma vez terminada a festa.

E nós, os doze discípulos do Senhor, chorávamos e estávamos escondidos na aflição. E cada um, desgostoso pelo sucedido, retomou para sua casa.

Eu, Simão Pedro, de minha parte, e André, meu irmão, pegamos nossas redes e dirigimo-nos ao mar, indo em nossa companhia Levi, o de Alfeu, a quem o Senhor...

O Cristo Cósmico nos
Atos de João*

A dança em êxtase há muito é parte da tradição religiosa dos judeus, e os extáticos sempre estiveram presentes em Israel. Não há nada de estranho na ideia de a Última Ceia haver terminado numa dança, a despeito do ar de severa solenidade que os cristãos ocidentais atribuíram a ela. O *Evangelho de Mateus* conta-nos que, "depois de cantarem um hino, saíram para o Monte das Oliveiras". Aqui está, somos levados a crer, este hino!

São João, nos Atos de João, conta-nos que Jesus disse: "Antes de eu ser entregue a eles, cantemos um hino ao Pai, para depois enfrentarmos o que nos espera." E nos instruiu para que formássemos um círculo, de mãos dadas, com ele próprio ao meio, e pediu: "Respondam 'Amém' ao que eu disser." Jesus começou a cantar o hino, dizendo:

Nós te louvamos, Pai:
Glória a ti, Pai.
[e então fizemos um grande círculo ao seu redor, respondendo ao que ele dizia]:
                                     Amém.

---

* Este capítulo foi baseado no livro *Jesus — Ensinamentos essenciais,* de Anthony Duncan, publicado no Brasil pelas editoras Cultrix e Círculo do Livro. Rohden havia feito uma tradução deste texto, a partir de outros originais. Infelizmente parte desse trabalho não foi encontrada entre o papéis manuscritos do escritor. (N. do E.)

Glória a ti, Logos Cósmico:
Glória a ti, Graça eterna.

                                        Amém.

Glória a ti, Espírito Cósmico:
Glória a ti, Santo:
Glória a ti, Glória eterna.

                                        Amém.

Nós te bendizemos, Pai:
Nós te louvamos, Pai:
E te agradecemos, Luz Cósmica:
Em quem não existe escuridão.

                                        Amém.

[Falou Jesus:]
E eu lhes digo por que razão damos graças:

Eu serei salvo,
e salvarei.

                                        Amém.

Eu serei libertado,
e libertarei.

                                        Amém.

Eu serei ferido,
e ferirei.

                                        Amém.

Eu serei conduzido,
e conduzirei.

                                        Amém.

Eu comerei,
e serei comido.

                                    Amém.

Eu ouvirei —
e serei também ouvido.

                                    Amém.

Eu serei pensado,
pois sou todo pensamento
e o pensamento é ação.

                                    Amém.

Eu serei limpo —
e limparei.

                                    Amém.

[A Graça dança em nós e fora de nós]

Eu tocarei flauta —
dancem todos vocês.

                                    Amém.

Eu lamentarei —
lamentem vocês também.

                                    Amém.

O único Ogdoada,[1]
canta louvores conosco
a todo o Universo.

                                    Amém.

---

[1] Ogdoada: provavelmente as Esferas Celestes (o Sol, a Lua e os planetas).

O número Doze[2]
dança nas alturas.

                        Amém.

Ao Universo
pertence o que dança.
em êxtase pleno.

                        Amém.

O que não dança
nem sabe o que acontece
a si e no mundo.

                        Amém.

Eu partirei,
e também ficarei.

                        Amém.

Eu ornarei,
e também serei ornado.

                        Amém.

Eu serei unido,
e também unirei,

                        Amém.

Não tenho morada,
e também tenho moradas.

                        Amém.

Não tenho lugar,
e também tenho lugares.

                        Amém.

---

[2] O número Doze: provavelmente os arquétipos, os patriarcas das doze tribos de Israel.

Não tenho templo,
e também tenho templos.

                                        Amém.

Sou uma lâmpada acesa para vocês
que me veem.

                                        Amém.

Sou um espelho refletindo para vocês
que me conhecem.

                                        Amém.

Sou uma porta aberta para vocês
que batem.

                                        Amém.

Sou um caminho largo para vocês
que caminham.

                                        Amém.

Agora se acompanharão
meu movimento de dança

Vejam-se em mim
que estou falando,

E quando tiverem visto o que eu faço,
guardem silêncio sobre os meus mistérios.

Vocês que também dançam, ponderão
sobre o que eu faço, pois é de vocês o Poder.

Esta paixão do Filho do Homem
que estou para sofrer,

Pois vocês jamais poderiam
compreender o que sofre o Filho do Homem

A não ser que eu, como Logos-Cósmico,
fosse enviado ao Pai.

Tenho visto o meu sofrimento,
vocês me viram como se vocês mesmos
fossem os sofredores,

E ao ver o meu sofrimento
não suportaram e me comoveram.

E, sendo despertados para a sabedoria eterna,
vocês têm em mim um apoio:
descansem em mim
confiem em mim.

Vocês saberão quem eu sou
quando eu partir deste mundo.

O que agora eu pareço ser,
isso eu não sou;

Só vocês verão aquilo que sou
quando vocês mesmos vierem a ser.

Se soubessem sofrer
não estariam sujeitos ao sofrimento.

Aprendam, pois, a sofrer
e não haverão de sofrer — esse é o mistério.

O que vocês não sabem ainda
eu mesmo lhes ensinarei.

Eu sou o seu Deus,
não o Deus do traidor.

Quero que todos sejam preparadas
almas santas para mim.

Compreendam a palavra
da sabedoria e o Poder!

Quanto a mim, — ouçam:
Oxalá vocês compreendessem o que eu Sou:

Pela Palavra ridicularizei todas as coisas ridículas
e não fui ridicularizado.

Eu exultei:
agora vocês compreendem o Cosmos,

E quando o tiverem compreendido, digam:
Glória a ti, Pai
Glória ao Filho do Homem!

       E repitam comigo:

Glória a ti, Pai,
Glória a ti, Logos,
Glória a ti, Espírito Santo,
Glória a ti, Cosmos.

          Amém.

[Meus amados, depois que o Senhor Jesus dançou assim conosco, ele saiu. E nós permanecemos como homens perplexos ou em sono profundo, e fugimos por aqui e por ali.]

[Estes são os Atos de João, narrados por ele para que todos conheçam a vida do Senhor Jesus, o Cristo-Logos.

Terceira parte

O semblante de Jesus
(na História)*

1

"Que eu veja somente seu rosto e serei salvo", dizia consigo, sem dúvida, o publicano Zaqueu, subindo ao sicômoro; subiu, viu e foi salvo.

Talvez nos salvássemos também, se víssemos seu semblante. Mas é muito difícil, porque esse rosto estranho parece com o livro em que se reflete como num espelho: esse livro, embora muito lido, é como se nunca se pudesse acabar de ler, como se alguma coisa ficasse esquecida ou mal-entendida; relê-se e volta a mesma impressão; assim, infindavelmente.

Dá-se o mesmo com seu semblante: não se pode vê-lo completamente; por mais que se contemple, parece sempre

---

* Este capítulo e o seguinte são dois textos do poeta e místico russo Dmitry Merejkovsky, transcritos do seu famoso *Jésus Inconnu*, que, no Brasil, foi publicado pela Cia. Editora Nacional, em 1935, na tradução de Gustavo Barroso sob o título *Jesus Desconhecido*. Huberto Rohden tinha grande admiração por este escritor. Em uma época, quis mesmo traduzir para o português as outras obras de Merejkovsky. Como homenagem aos dois grandes escritores, resolvemos reproduzir neste livro os dois capítulos finais de *Jesus Desconhecido*. O leito brasileiro ficará grandemente enriquecido com a leitura deste magnífico texto sobre o semblante de Jesus, o Cristo, tanto na história quanto no Evangelho.

Merejkovsky e Rohden, em suas experiências de seres humanos altamente espirituais, comungavam a mesma visão do Cristo Cósmico. (N. do E.)

que houve qualquer traço que não foi notado ou que não se compreendeu inteiramente. Há dois mil anos que milhões de olhos humanos o olham sem vê-lo e continuarão a olhá-lo sem vê-lo até a consumação dos séculos.

2

"A imagem carnal de Jesus nos é desconhecida", declara, desde fins do século II, Santo Irineu de Lião, referindo, assim, uma tradição que remontava provavelmente aos homens apostólicos, a Policarpo e ao presbítero João de Éfeso, talvez mesmo a João, filho de Zebedeu, "o discípulo amado de Jesus". "Ignoramos completamente como era seu semblante", afirma do mesmo modo Santo Agostinho e acrescenta: "a face do Senhor muda com a diversidade dos inúmeros pensamentos." A mudança virá só de nossos pensamentos ou do que há nesse próprio rosto?

Santo Antonio Mártir, peregrino do século VI, conta no seu "Itinerário" que lhe fora impossível ver bem o semblante do Senhor numa imagem milagrosa, *achiropoiete*, deslumbrado pela luz maravilhosa que dela emanava e também porque esse "rosto mudava completamente diante dos que o contemplavam". Se algo semelhante ocorre com o rosto vivo de Jesus, tal como o conhecemos pelos Evangelhos, Irineu e Agostinho se enganam: nós conhecemos ou poderíamos conhecer o semblante do Senhor.

3

Comprei, não sei mais onde nem quando, uma velha e péssima reprodução da imagem milagrosa do Senhor, que se achava na Catedral da Assunção, em Moscovo, e que, segundo a tradição, imprimiu ele próprio no pano e enviou a Abgar, rei de Edessa. Durante anos, ela esteve pendurada numa parede de meu quarto, tanto que meus olhos, cegos pelo hábito, não a viam mais. Porém um dia em que, pensando no rosto de

Homem Jesus, me aproximei dessa reprodução, vi de súbito e fiquei assombrado:

> "Senhor, retira-te de mim, porque eu sou um homem pecador."

O olhar dos olhos não humanos, que parecia vir de outro mundo, era ligeiramente oblíquo: minha alma se consumiria, se me olhasse de frente; ele me perdoa e espera que chegue a minha hora. Sobre a testa, até em cima da risca que divide a cabeleira de linhas ondulosas e paralelas, que se diriam traçadas a compasso com preocupação geométrica, sai uma mecha recalcitrante como as dos pequenos camponeses malpenteados, e os lábios, levemente entreabertos, os lábios de enternecedora puerilidade parecem murmurar: "Minha alma estava em mim como um filho roubado à sua mãe."

Como tudo isso é simples, infantil, tocante, ao lado do

> "Rei de terrível majestade".
> *Rex tremenda majestatis.*

Dois entes num só, discordantes e concordantes: eis o que, nessa imagem, vem ele próprio, o que não foi feito por mão de homem, porém impresso por ele mesmo, no pano.

Compreendi-o mais claramente ainda, comparando minha reprodução com *A Última Ceia*, de Da Vinci: em leve nuvem de cabelos dum ruivo dourado, o rosto dum adolescente judaico de dezesseis anos parecendo uma rapariga inclina-se como uma flor que, apenas desabrochada, já se fana no talo quebrado; pálpebras pesadamente abaixadas, que se diriam inflamadas pelas lágrimas, e lábios cerrados numa resignação mortal: "Como uma ovelha muda diante daqueles que a tosquiam, não abre a boca."

De todos os semblantes do Senhor pintados pela mão do homem, é provavelmente o mais belo. Entretanto, entre o ouro, o milagroso, e este, que diferença! Não sei se este vencerá a morte, mas sei que o outro já a venceu; este está ainda nas três dimensões e o outro está também na quarta; um exprime o suplício da dúvida e o outro a beatitude da fé; com este, talvez eu pereça, com o outro, eu me salvo, com certeza.

4

Três "lendas de ouro", *legendae aureae,* da Idade Média, exprimem o sentido profundo dessa impossibilidade de reproduzir, de traçar o semblante do Senhor.

Logo após a Ascensão, os discípulos, reunidos no quarto de Sião e aflitos por não poderem mais ver o rosto do Senhor, suplicaram ao pintor Lucas que o representasse. Mas Lucas recusou, dizendo que era tarefa impossível a um homem. Todavia, após três dias de lágrimas, jejuns e súplicas, certo do auxílio do céu, ele acabou por consentir. Traçou o contorno do rosto em negro sobre uma tela branca, mas antes que tomasse os pincéis e a tintas, todos viram a Face Miraculosa aparecer subitamente no quadro.

A segunda lenda é dum modo tão puro. Por três vezes, estando o Senhor ainda vivo, Lucas tentou reproduzir sua face para Verônica, a hemorroidária; por três vezes, comparando o retrato com o rosto vivo, verificou que não havia entre ambos a menor parecença e ficou muito triste. "Filho, não conheces meu rosto; só o conhecem lá de onde vim", disse-lhe o Senhor — "Eu comerei hoje o pão em tua casa", disse ele a Verônica. E ela lhe preparou a refeição. Mas ele, antes de se pôr à mesa, lavou o rosto, enxugou-o numa toalha e nesta sua face se imprimiu como se fosse viva.

Uma terceira lenda é de ouro ainda mais puro. Subindo ao Calvário, o Senhor curvava-se sob o peso da cruz e o suor corria de sua fronte em gotas de sangue. Verônica lhe estendeu um sudário e ele, enxugando a face nele, a imprimiu terrível a face de que fala o profeta Isaías (52, 14):

> "Seu rosto estava tão desfigurado e seu aspecto diferia do dos filhos do homem."

As três lendas têm o mesmo sentido; só no coração dos que amam o Senhor e sofrem com ele sua face inexprimível se imprime como o sudário de Verônica.

5

Os santos lembram-se e os pecadores se esqueceram. É verdade que nada sabemos e nada podemos saber do rosto vivo de Jesus? Quantos são os falsos Messias, os ladrões e os bandidos de quem a memória da história guarda os semblantes ignóbeis e terá esquecido o do Cristo! Se assim fora, devíamos desesperar da humanidade.

Uma lei estranha governa a memória que nossos olhos conservam dos rostos: quantos mais os amamos, menos nos lembramos deles. Recorda-se melhor o rosto dum estranho do que o dum ente amado de quem estamos separados. Quanto ao nosso próprio rosto, nenhum de nós se lembra dele, parecendo nisto "a um homem que olha num espelho seu rosto natural, e que, depois de se ter olhado, vai embora e esquece como é (Jac., 1, 24)".

Essa falta de memória talvez venha de o homem ter dois semblantes: um externo, que não passa de máscara, o outro interno, que é o verdadeiro. O rosto interior transparece através do exterior tanto mais claramente quanto o homem é maior e mais sincero. Transparece, pois, em Jesus, o maior e o mais sincero dos homens melhor do que em ninguém. Eis por que, nos primeiros testemunhos, os mais próximos dele, seu rosto exterior foi esquecido, enquanto que o interior está mais presente do que qualquer outro rosto em qualquer outro testemunho histórico.

6

Paulo pode não querer "conhecer o Cristo segundo a carne" (II, Cor., 5, 16), conhece-o apesar disso.

"Trago em meu corpo os estigmas, ESTIGMAT, de Jesus (Gald., 7, 17)."

Esses estigmas são provavelmente semelhantes aos de São Francisco de Assis, que se reabrem e por vezes sangram como verdadeiras chagas feitas de fresco pelos cravos. Para ser assim *cocrucificado* com o Senhor, Paulo devia sentir o corpo dele como seu e, naturalmente, ver seu rosto. Quando diz: "Deus enviou seu próprio filho em uma carne semelhante, *hormoioma*, à nossa carne de pecado" (Rom., 8, 3) para ele essa "carne semelhante" absolutamente não é um "fantasma", *phantasma*, como será mais tarde para os docetas, porém uma carne tão real como a de todos os homens, embora de outra qualidade.

"Não vi Jesus?" pergunta (I, Cor., 9, 1); em todo o caso o vê, quando diz:

"Jesus Cristo... se fez pobre para nós (II, Cor., 18, 9). Ele próprio se aniquilou — se esvaziou, tomando a forma dum escravo... ele próprio abaixou-se, tornando-se obediente até a morte, mesmo até a morte sobre a cruz (Phil., 2, 7-8)."

Sob essa forma de pobre, de humilde, de escravo obediente até a morte sobre a Cruz, Paulo não imagina abstratamente, mas sente fisicamente a carne viva do homem Jesus, vê seu rosto vivo, ao mesmo tempo, vê e sente nele outra carne; mais do que sabe metafisicamente, abstratamente, vê e sente carnalmente, fisicamente, que "toda a plenitude, PLEROMA, de Deus nele habita corporalmente (Col., 2, 9)".

"Seu corpo não é de todo feito como o nosso." Eis o que os mais íntimos discípulos do Senhor, que conhecem o Cristo "segundo a carne", devem sentir ainda mais fortemente do que Paulo. Ele caminha sobre o chão, fala, come, bebe, dorme como toda a gente; e, de repente, num gesto, numa expressão do rosto, numa entonação, há qualquer coisa estranha, que não é mais humana, espécie de sopro ultraterrestre: para o olfato humano, o Espírito Divino é o que é o odor humano para o olfato animal.

Como Paulo, não abstratamente, metafisicamente, mas corporalmente, fisicamente, sentem, percebem, na carne viva de Jesus um ponto "fantástico", transparente, ardente, impalpável aos cinco sentidos, e mergulhando deste mundo no outro, ponto crescente, às vezes subitâneo como uma faísca que se torna labareda, tanto que o corpo, tomado e abrasado, se torna também ardente, fantástico.

Para compreender e ver, não esqueçamos que para homens desse tempo, o "fantástico" não é, de modo algum, o que é para nós: não um "engano dos sentidos", uma "alucinação", não o que não existe, porém o contrário, que existe em outra ordem, outra realidade. Vendo um fantasma, os homens se assombram, gela-se o sangue em suas veias, eriçam-se seus cabelos — como não ser uma realidade?

"Um fantasma, PHANTASMA!" exclamam, aterrorizados, os discípulos, vogando sobre o lago de Genesaré, quando veem Jesus vir a eles, marchando sobre as águas (Mc., 6, 48-51). Visão ou realidade? Pense o que quiser, uma coisa é clara: os homens que, pouco antes, haviam visto o rabi Jeschua, simples carpinteiro ou pedreiro, caminhar no chão, dormir, comer e beber, não teriam podido ver nem essa visão, nem essa realidade, se não tivessem sempre sentido que seu corpo não era de todo como o deles, se não tivessem discernido nele esse ponto fantástico, transparente, ardente.

8

Clemente de Alexandria relata que a tradição da "fantasma-cidade" do corpo do Senhor se conservou até fins do século II no círculo dos discípulos de João — quer se trate do Apóstolo ou do Presbítero, o que pouco nos importa. "O Senhor jamais revestira um corpo humano, mas era um fantasma, *phantasma*" tal é a absurda e grosseira dedução que, mais tarde será tirada pelos docetas dessa tradição, em que talvez persistam traços do que verdadeiramente experimentaram os mais próximos discípulos do Cristo, aqueles que o conheceram "segundo a carne" e do que Paulo quis exprimir, falando da "carne semelhante" homoioma, de Jesus.

Parece que é ainda o eco da mesma tradição que encontramos nos Atos de João, que Leucius Charinus, gnóstico pertencente ao círculo dos discípulos de Éfeso, escreveu em fins do século II, duas ou três gerações após a morte de João o misterioso velho, tão próximo pelo espírito do "discípulo que Jesus amava".

> "Ele me tomava sobre o colo, quando estávamos deitado um junto do outro, durante a Ceia, e, quando me apertava de encontro a seu peito, eu o sentia ora macio e liso, ora duro como pedra, e, quando queria retê-la, tocava um corpo às vezes material, carnal, às vezes irreal e sem existência. E, atravessando-o, minha mão sentia o vácuo."

De novo é visão ou realidade? É ainda um "engano do sentidos", uma "alucinação", como no lago de Genesaré quando os discípulos viram um "fantasma"; ou é a visão de outra realidade? Passava-se alguma causa unicamente interior no corpo do discípulo ou de interior e exterior nos dois corpos o do discípulo e o do Mestre? Seja qual for nossa opinião, possível que essa tradição nos tenha conservado um testemunho autêntico sobre o que, conforme a palavra de outro João provavelmente o "discípulo amado de Jesus"

> "era desde o começo o que ouvimos, o que vimos com nossos olhos, o que contemplamos e que nossas mãos tocaram (I Jo., 1, 1)."

sobre o Filho de Deus vindo ao mundo sob a aparência da carne.

> "Muitas vezes acontecia-me, caminhando atrás dele, procurar seu rastro no chão, e não o encontrava e me parecia que ele andava sem tocar no solo",

relata o mesmo João desconhecido.

Aquele que, com ligeiro passo de fantasma, anda sobre a pedra, onde não pode deixar rastro, começa, e aquele que caminha sobre a água acaba: isto está ligado a isso, mas por algum laço interior somente ou interior e exterior ao mesmo tempo? Ainda uma vez não o sabemos e não temos necessidade de saber para tocar com a mão de seu discípulo a carne interior do Senhor através da carne exterior, para ver com os olhos de seu discípulo o rosto interior do Senhor através do rosto exterior, e só de nós depende unir essas duas faces numa só, aquela mesma de que foi dito:

> "Eis que estarei com todos vós até o fim do mundo. Amém (Mt., 28, 20)."

9

Os Atos de João conservaram-nos também uma outra tradição proveniente do mesmo círculo de discípulos de Éfeso.

> "Ele nos levou, eu (João), Pedro e Jacob sobre a montanha, onde costumava rezar. E vimos sobre ele claridade tal (glória, dóxe) que nenhuma palavra humana poderia exprimir.
> E, aproximando-me dele devagarinho, de modo que não ouvisse, parei e olhei por trás e vi que nenhuma veste e nada do que víamos (antes) nele não havia mais e que não era um

homem. E seus pés eram mais brancos do que a neve, de sorte que o chão estava iluminado, enquanto que sua cabeça tocava no céu. E eu gritei apavorado. Mas ele, voltando-se para mim, ficou de novo como um homem e, tocando no meu queixo, disse: "João, não seja incrédulo..." E eu lhe disse: "Senhor, que fiz?" E ele me respondeu: "Não tente aquele que não é tentado."

Uma curiosidade ávida de criancinhas, ingênuas, astúcias, medos pueris, um Mestre com pena de seus discípulos como um adulto tem pena de crianças — tudo isso é pintado com cores tão singelas, ingênuas e vivas que, mais uma vez, se tem a impressão duma reminiscência autêntica, embora muito confusa: os homens veem o semblante do Senhor como os peixes avistam o sol através da água.

10

O homem possui um Duplo imortal, a imagem luminosa de seu outro corpo "espiritual", de seu "rosto interior" que se chama *Ka*. Eis o que nos ensina o *Livro dos Mortos* egípcio, o mais antigo livro do mundo. É o "corpo pneumático", (*pneumatikos*), espiritual, do Apóstolo Paulo. Parece bem que nos Atos de João se trata dum "Duplo" do Homem Jesus:

"Isto se passou em uma casa de Genesaré, onde então passávamos a noite com o Mestre. Tendo enrolado a cabeça nas minhas vestes, observava o que ele fazia e ouvi ao princípio me dizer: "João, dorme." E fingi dormir e então vi outro semelhante a ele e ouvi esse outro lhe dizer: "Aqueles que escolheste não creem em ti, Jesus." E o Senhor lhe respondeu: "Dizes a verdade, mas eles são homens."

O que é o Duplo de Jesus que João não reconheceu compreenderíamos talvez, se soubéssemos ler o apócrifo *Pistis Sophia*, essa lenda-recordação tão confusa que parece transparecer através da água turva de profundo sono e em que se vê Jesus-Adolescente e o Espírito Adolescente "perfeitamente semelhantes um ao outro", unindo-se num beijo de amor celeste.

11

Não seria esse mesmo Duplo, o "corpo astral" de Jesus, seu misterioso *Ka*, que aparece em outro "Evangelho Oculto", o *Apócrifo de Mateus*:

> "E, quando Jesus dormia, de dia ou de noite, a luz de Deus resplandecia sobre ele, *claritas Dei splendebat super eum*."

A mais pueril de nossas ciências, a metapsíquica, dá a esse corpo luminoso do homem o termo incompreensível de "Aura", em lugar da palavra do Evangelho "claridade", "glória", DÓXE.

O próprio Senhor fala dessa luz:

> "Se, pois, todo o teu corpo está iluminado sem que haja em ti nenhuma parte tenebrosa, ele será clareado como um facho que se ilumina com sua própria luz (Lc., II, 30)."

Esse "facho" interior é precisamente o "corpo espiritual", o semblante interior do homem.

Os antigos pintores de imagens que rodeavam com uma auréola de ouro a Face Divina do Cristo tinham talvez visto bem o semblante humano de Jesus. Agora, só as criancinhas e as velhinhas continuam a ver uma auréola em torno da Face do Senhor. Mas se o rosto humano de Jesus não se iluminar para nós com esse nimbo divino, jamais o veremos.

12

"Eu me via adolescente, quase criança, numa igreja baixa da aldeia. Círios finos brilhavam em pequenas nódoas rubras diante de imagens antigas e uma pequena coroa irisada rodeava cada chama. A igreja era escura e triste. Mas havia muita gente diante de mim. Somente louras cabeças campônias. De tempos em tempos elas se punham a ondular, a se curvar, a se levantar na lenta ondulação do vento do estio

De repente, um homem se aproximou por trás de mim e parou bem perto. Voltei-me, mas senti imediatamente que esse homem era o Cristo

Logo, o enternecimento, a curiosidade, o medo, juntos, se apoderaram de mim. Fiz um esforço sobre mim mesmo e olhei o meu Vizinho

Seu rosto era como o de toda a gente — um rosto parecido com todos os rostos humanos. Os olhos olhavam um pouco para cima, atentamente e suavemente. Os lábios estavam fechados, mas não cerrados; o superior parecia repousar sobre o inferior; a barba curta era dividida ao meio. As mãos cruzadas não se moviam. E suas vestes também eram como as de toda a gente

"Este, o Cristo?" pensei, "este homem tão simples, tão simples? Não é possível!

E não olhei mais para ele. Mas, apenas mudei o meu olhar desse homem simples, acreditei que era precisamente o Cristo que estava a meu lado

E, de novo, fiz um esforço sobre mim... E, de novo, vi o mesmo rosto semelhante a todos os rostos humanos, os mesmos traços conhecidos, embora desconhecidos

E, de súbito, me enchi de medo e voltei a mim. Somente então compreendi que era mesmo um rosto assim — igual a todos os rostos humanos — que era o do Cristo.

(Ivan Turguêniev, *Poemes en prose: Le Christ*, 1878

Esse "Apócrifo", esse Evangelho, não falso, mas secreto, sobre a Face do Senhor, só podia ser escrito por um homem que, tendo renegado o Cristo, conservasse no fundo do coração sua imagem, pelo filho daquela terra de que se disse:

"É minha terra natal,
O Rei do Céu, sob o aspecto de um escravo,
Curvado ao peso da Cruz,
Percorreu-te inteiramente,
Abençoando-te."

13

"Ele se tornou semelhante a todos os homens e tomou o aspecto dum homem",

diz Paulo (Phil. 2, 7-8).

"Por seu aspecto não diferia nada dos outros homens",

diz por sua vez Celso, no século II relatando provavelmente uma antiquíssima tradição, vinda duma fonte que ignoramos.

"Ele tinha o rosto de todos nós, filho de Adão",

confirma João de Damasco no século VIII, remontando também às tradições que parecem datar dos primeiros séculos do cristianismo.

"Seu rosto era o de toda a gente, um rosto igual a todos os rostos humanos",

repetirá vinte séculos depois de Paulo o apócrifo russo. Se, em matéria de religião, pode haver provas, são unicamente como essas coincidências involuntárias e necessárias entre experiências interiores, infinitamente separadas no tempo e no espaço.

O próprio Jesus se chama "Filho do Homem", *Barnascha* em aramaico, isto é, simplesmente "o homem". Não é o mesmo que dizer precisamente: "Eu sou como toda a gente?"

Mas, se seu rosto exterior é o de "toda a gente" seu rosto interior não é o de "pessoa alguma".

14

Duas Faces miraculosas: a Face romana, ocidental, sobre o sudário de Verônica — o Escravo sofredor; e a Face bizantina, oriental, sobre o lenço de Abgar — o Rei Triunfante,

"Rex tremendae majestatis"

que aparecerá ao mundo nesse derradeiro dia em que os homens dirão às montanhas e rochedos:

"Cai sobre nós: ocultai-nos da vista d'Aquele que está sentado no trono e da cólera do Cordeiro (Apoc., 6, 16-17)"

Essa contradição concordante, essa antinomia — "como toda a gente" — "como pessoa alguma" — é uma das causas da impossibilidade em que estamos de representar a Face do Senhor.

15

A tradição da Igreja sobre a Face Divina se dividiu em duas. Jesus é belo, afirma uma metade, que parece antiquíssima, da tradição.

Há talvez no *Evangelho de Lucas* uma alusão à beleza de Jesus. Se a palavra grega KARIS, em latim *gratia*, no versículo sobre Jesus menino (2, 52), se refere não somente a seu espírito mas também a seu corpo, o que é tanto mais provável que o termo precedente, *elixia* (não a idade — no sentido de número de anos, como às vezes se traduz, porém o "crescimento"), se reporta igualmente ao corpo, então KARIS significa "beleza", "graça", *gratia*, de modo que o sentido geral do versículo é: "Jesus crescia e se embelezava."

Entretanto, não esqueçamos que a palavra humana "beleza" não corresponde ao que assim chamamos no seu semblante. Mas, se se não encontrasse aí isso para que não temos nome, uma simples mulher teria podido exclamar vendo-o:

> "Bem-aventurados os flancos que te carregaram e o seio que te amamentou!" (Lc., 11, 27)

E, na Transfiguração, seu rosto, "se tornaria resplandecente como o sol" (Mt, 17, 2.)

Os Atos de João chamam-lhe "O Belo", O KAROS como se essa palavra bastasse aos homens para saberem de quem se trata (18).

"Para nós, que desejamos a verdadeira beleza, só ele é belo", declara Clemente de Alexandria, exprimindo assim esse sentimento natural e indesenraizável nos homens:

> "Tu és belo, mais belo do que qualquer outro filho do homem (Ps., 45, 3.)"

16

Isso é numa metade da tradição, mas, segundo a outra também antiga, Jesus é "feio".

> "Seu rosto era desfigurado entre os homens e seu aspecto diferia do dos filhos do homem."

Essa profecia também se realiza nele (Is., 52, 14): "Ele se aniquilou — se esvaziou", em tudo e nisso.

"Ele era, dizem, pequeno, feio e sem nobreza", relata Celso, citado por Orígenes. "Ele não tinha aparência... nem glória... e seu aspecto era desprezível", dirá por sua vez Justino Mártir, que talvez conhecera os que haviam visto o rosto vivo de Jesus.

As mesmas testemunhas — e é o mais espantoso — falam ora de sua beleza, ora de sua feiura, como Clemente de Alexandria, que emprega esta palavra intraduzível, "blasfematoria": AISKROS.

O próprio Irineu, que afirma que nada sabemos da imagem carnal de Jesus, sabe, todavia, que ele era "raquítico e sem majestade", *infirmus et ingloriosus*.

"Eu sou um verme do chão e não um homem. O opróbrio dos homens e o desprezado do povo (Ps., 22,17)."

Estas terríveis palavras tomadas ao mesmo salmo em que está o grito da cruz, *Sabachtani*, Tertuliano as porá na própria boca do Senhor.

17

A Igreja, a Esposa, começou por esquecer o semblante do Cristo, do Esposo, depois sonhou que era um monstro. Como se produziu isso?

Talvez muito por medo da beleza corporal, da tentação pagã, fonte de idolatria, que o judaísmo legou ao cristianismo. Mas isso não explica tudo. As raízes das duas tradições sobre a beleza e a feiura do semblante do Senhor parecem mergulhar numa reminiscência muito obscura, porém autêntica.

Não havia no rosto do Homem Jesus, como na sua vida, — algo de "paradoxal", de espantoso — de "apavorante", passando das três dimensões à quarta em que tudo é ao contrário, tanto que o que é feio na terra, lá, é lindo?

Se o semblante de Jesus é tão especial, tão pessoal, tão diverso de todos os outros semblantes humanos, não será precisamente porque escape a todas as medidas humanas de beleza ou feiura, sendo incomensurável à nossa estética de três dimensões?

Compreende-se, então, que não só os que viram esse rosto não se lembrem mais, como os próprios que o veem são impotentes a decidir qual das duas profecias se realizou nele:

"Seu rosto era desfigurado entre os homens" ou então: "Tu és mais belo do que qualquer outro dos filhos do homem."

"Ele era belo e feio, *formosum et foedum*",

eis o que os Atos de Pedro talvez bem compreenderam.

Aqueles que veem esse rosto experimentam uma alegria sem par e também um pavor sem igual. À primeira antinomia nele: "como todos — como ninguém", corresponde esta: "como um verme — como o sol."

18

Recordemos não só o que é pena, o "encantador doutor" de Renan, o "Bem-Amado" de Madalena (vilania contemporânea única dos séculos), mas também as estatuetas de porcelana de Jesus nas igrejas, e, se ainda temos bastante gosto para detestar essa ignomínia de enojante insipidez, que é a "alma do açúcar" de Maeterlinck — compreendemos talvez que essa "beleza-feiura" do Semblante do Senhor, tão inconcebível, tão apavorante para nós, é o amargo antídoto do veneno dulçoroso, e que nisso os primeiros séculos do cristianismo guardam algum conhecimento e alguma lembrança do rosto de Jesus.

19

"Eu não sou o que pareço."

Este *agraphon* do Senhor nos Atos de João permite-nos entrever o que realmente sentiam aqueles que viam o rosto vivo de Jesus. O segredo dessas expressões foi explicado e, ao mesmo tempo, aprofundado por Orígenes:

"Sendo ele mesmo, aparecia aos homens como se não fosse ele — *cum fuisset ipse, quase non ipse omnibus videbatur*. Não tinha um único aspecto, mas mudava de aspecto conforme a maneira com que cada qual merecia."

Eis por que Antonino Mártir não consegue também ver na imagem miraculosa a "Face perpetuamente mutável".

"O semblante do Cristo é diferente entre os romanos, os helenos, os indus, os etíopes, porque cada um desses povos afirma que o Senhor lhe apareceu sob o aspecto que lhe é próprio", diz o patriarca Photius. Assim, o rosto do segundo Adão, Jesus, se reflete em todos os rostos humanos, como o sol na gotas de orvalho.

20

"Vós me vereis em vós como um homem vê seu rosto em um espelho."

Como as pedras inanimadas, os rostos humanos são imóveis, imutáveis; somente seu rosto, chama viva, é perpetuamente mutável, cambiante: por isso a vista não o pode apanhar, nem a mão pode reproduzi-lo.

"Glória a ti, Jesus multiforme, POLIMORPHOS",

dirão aos Atos de Tomás. "As representações da Face do Senhor mudam por causa da diversidade de inúmeros pensamentos." Santo Agostinho assim o compreendeu exatamente, porém tirou a dedução inexata de que nada sabemos sobre o semblante de Jesus.

No Juízo Final, ele próprio recordará muitos desses rostos

"Tive fome e não me destes de comer,
tive sede e não me destes de beber,
era estrangeiro e não me acolhestes,
estava nu e não me vestistes,
enfermo e prisioneiro não me visitastes (Mt., 25, 42-43)."

No rosto de cada um de nossos irmãos sofredores, há seu rosto:

"Viste teu irmão, viste teu Deus."

21

Os Atos de João nos transmitiram um apócrifo estranho e apavorante.

Trata-se do primeiro apelo dos discípulos João e Jaques, filhos de Zebedeu, sentados numa barca do lago de Genesaré.

Que quer de nós este rapazinho? Por que nos chama da margem? disse-me meu irmão Jacob. E eu (João) lhe perguntei:

Que rapazinho? E ele me respondeu: Aquele que nos faz sinal com a cabeça. — Estás com a vista perturbada, meu irmão Jacob, pelas muitas noites sem dormir que temos passado no lago. Não vês diante de nós um homem alto, de lindo rosto que nos olha alegremente? — Não, não o vejo, mas aproximemo--nos da margem e saberemos do que se trata.

Quando abordamos à praia, ele nos ajudou a amarrar a barca e nós o seguimos. E, enquanto caminhávamos, eu o via velho, calvo, com uma longa barba espessa, e meu irmão Jacob via um mancebo, com uma penugem apenas visível nas faces. E nós não compreendíamos o que isso significava... e estávamos muito surpresos.

... Em seguida, aparecia muitas vezes também sob aspectos ainda mais maravilhosos... ora como um homenzinho de membros disformes, ora como um gigante cuja cabeça tocava o céu.

É um conto absurdo ou, de novo, uma visão de peixe olhando o sol através da água — a lembrança confusa, monstruosamente deformada pelo delírio do que realmente experimentaram os supersticiosos pescadores galileus, ingênuos como crianças, vendo o semblante do Senhor, que excede das três dimensões e não se contém de todo na nossa geometria terrestre?

Talvez seja uma recordação análoga a que igualmente nos conservou o Evangelho. "Ele tinha uns 30 anos", diz Lucas (3, 23). "Ainda não tens 50 anos", dizem os fariseus ao Senhor no IV Evangelho (8, 57). Parece ora moço, ora velho; é isso o que significa: "Ele não tinha um só aspecto, mas o mudava conforme a maneira com que cada um o podia ver."

"Um lobisomem divino", teria dito, blasfemando, Luciano--Voltaire: os discípulos não o dizem, porém sentem talvez a mesma impressão, adorando, sem ousar olhá-lo, esse rosto--chama, terrivelmente e maravilhosamente cambiante.

22

O mais comum dos rostos humanos e que os contém todos, como a figura geométrica do triângulo contém todos os triângulos — o rosto do segundo Adão — esse é um dos polos; e eis o outro: o mais especial dos rostos humanos, o único verdadeiramente pessoal e que se não parece com nenhum outro. São os dois polos que é necessário reunir pare ver o seu rosto vivo. Todas as representações da Face do Senhor — desde o Bom Pastor das Catacumbas, cujo rosto imberbe faz pensar em Hermes, até o Salvador miraculoso, "rei de terrível majestade", dos mosaicos bizantinos — não são mais do que as tentativas ávidas, insaciáveis, dos séculos e dos povos para achar esse semblante vivo.

O que melhor nos informa sobre essas tentativas é um apócrifo muito tardio do século XI ou XII, porém extremamente precioso, porque, como um mosaico de pedrinhas miúdas, é composto de elementos antiquíssimos, verossimilmente autênticos — *A Carta do procurador Lentulus ao Senado Romano*

É um homem de estatura medíocre... tem um semblante venerável, tanto que os que o olham podem, ao mesmo tempo, temê-lo e amá-lo. Os cabelos são dum louro escuro, lisos até as orelhas, e daí para cima ondulantes e anelados, com um leve reflexo azulado e quente. São divididos ao meio no alto da cabeça à maneira da gente de Nazaré. A fronte é lisa e muito serena... Sua barba é abundante, da cor dos cabelos, bastante curta e dividida no queixo. Sua fisionomia respira a simplicidade e a madureza. Seus olhos são cambiantes e brilhantes. É terrível nas reprimendas, doce e amável nas admoestações, alegre sem deixar de ser grave. Ninguém jamais o viu rir, porém muitas vezes chorar. Assim, com toda a razão, dele se pode dizer, segundo o profeta: "É o mais belo dos filhos dos homens."

23

Encontramos em João Damasceno, que vivia no século VIII, e no último historiador eclesiástico, Nicéforo Calisto (século XIV) dois outros apócrifos ou tradições sobre o semblante de Jesus. Ambos se referem a testemunhos antiquíssimos, desconhecidos de nós, que, a julgar pelo que diz João Damasceno, remontam aos primeiros séculos do cristianismo: concordam com o que Santo Agostinho nos diz das numerosas imagens, "continuamente mutáveis", da Face do Senhor, que existiam antes dele. É muito provável que todos os três, Damasceno, Lentulus e Calisto, tenham, cada um de seu lado, se abeberado em fontes comuns muito antigas.

Os "sinais particulares" a que alude Damasceno — "sobrancelhas bem próximas, quase unidas; barba negra, nariz fortemente recurvado" — do mesmo modo que "a tez escura do rosto", de que fala Calisto, e "a cor ruiva (rubra) da barba", duma das versões de Lentulus — não serão marcas da raça judaica?

Acha-se igualmente em Calisto dois ou três "sinais particulares": "cabelos cor de trigo maduro, molemente ondulados, com sobrancelhas escuras; olhos claros em que brilha uma bondade indizível e que são penetrantes... tem os ombros um pouco curvados... é doce, humilde, gracioso... Parece em tudo com sua divina mãe."

24

Assim, pouco a pouco, lentamente, penosamente, traço a traço, como se forma um mosaico precioso, pondo uma pedra depois de outra pedra, se compõe a Face Miraculosa, única e multiforme, cujas inúmeras imagens, "continuamente mutáveis", coincidem, às vezes, de modo notável, nos menores "sinais particulares". Lembremo-nos do "lábio superior repousando sobre o inferior", no apócrifo russo, e exatamente do mesmo lábio ligeiramente inflamado, como o duma criança triste que chorou, no quadro de Da Vinci; lembremo-nos dos "cabelos leves flutuando sobre os ombros", no apócrifo de Lentulus, da "cor ruiva da barba", em Calisto, — sinais indubitáveis do sangue judaico, do mesmo modo que o nariz finamente arqueado como o duma rapariga, e a cor ruiva dos cabelos, no quadro de Da Vinci; lembremo-nos, enfim, dessa "risca no meio da cabeça", que se vê desde o século VI até hoje, como da "barba partida ao meio".

Dir-se-ia que pessoas, infinitamente diferentes, separadas pelos séculos e pelos povos, ignorando tudo uma das outras, representaram em inúmeras imagens um mesmo rosto vivo, o qual, desde nossa infância, nos é familiar e que reconhecemos à primeira vista.

Jesus, o Nazareno, foi realmente como hoje o conhecemos o lembramos ou imaginamos? "Nada sabemos do seu rosto" respondem Irineu e Agostinho. Nós acreditamos muito facilmente, porque dos dois sentidos da palavra "parusia", o mais antigo, profundo e autêntico se perdeu para nós. Essa palavra não significa somente a "segunda vinda" do Senhor, como se compreendeu desde os primeiros séculos do cristianismo até nossos dias, porém ainda sua eterna presença:

> "Eis que estarei convosco até a consumação
> dos séculos. Amém."

Aqueles com quem ele está sempre não podem ver-lhe o rosto? Não, os homens não ignoram de todo seu semblante, lembram-se e não esquecerão nunca: na memória e no coração da humanidade, a Face do Senhor que ele marcou nela de modo inapagável e milagroso não é um vão fantasma.

Pode-se mesmo dizer que é o único semblante que a humanidade viu e não esqueceu — que não esquecerá jamais e que verá sempre: os outros semblantes não passam de fantasmas e sombras fugidias: somente ele é o sol.

25

Então, que significam estas palavras: "Não conhecemos seu rosto"?

Querem dizer que, nos nossos dias, não haverá ninguém para dizer ao Cristo: "Tu és Jesus" com tanta força quanto outrora Pedro disse a Jesus: "Tu és o Cristo", — ninguém para ver no semblante divino do Cristo o semblante humano de Jesus, — ninguém para ouvir dizer:

> "És feliz, Simão, filho de Jonas; porque não foram a
> carne e o sangue que te revelaram isso, porém meu
> Pai nos céus (Mt., 16, 17)."

Parece que nos acontece o que aconteceu aos dois discípulos no caminho de Emmaús, quando o próprio Senhor, se aproximando, andou a seu lado.

> "Mas seus olhos estavam turvos e
> não o reconheceram."

E, quando o reconheceram,

"Ele ocultou-se à sua vista. E eles disseram um ao outro: Nosso coração não queimava dentro de nós?" (Lc., 24, 15, 32).

É assim que no caminho, terrivelmente longo, que vai da primeira à segunda vinda e que chamamos História, ele caminha ao nosso lado. É assim que nós também não o reconhecemos. Oh! Se nosso coração pudesse também queimar dentro de nós!

O semblante de Jesus
(no Evangelho)

1

Por mais que nosso coração arda em nós, quando lemos o Evangelho, nele não reconhecemos nem vemos o semblante vivo do Homem Jesus, não porque aí não esteja, mas porque nossos olhos, como os do discípulos de Emmaús, "estão cegos". Do mesmo modo que a aves noturnas, cegas pela luz do dia, não veem o sol, nós não vemos a face do Senhor no Evangelho.

"Nós vos anunciamos a força e a presença, *parusian*",

não a "segunda vinda", porém a "presença" eterna

"de Nosso Senhor Jesus Cristo, tendo sido testemunhas, *époptoi* de sua majestade... sobre a montanha santa (II Pedro, 1, 16-18)",

onde seu rosto se "tornou resplandecente como o sol" (Mt., 17, 2). O sol da Transfiguração — o semblante do Cristo no semblante de Jesus — esse é o ponto equinocial de todo o Evangelho.

Assim é na primeira testemunha, Marcos-Pedro, como na última, João:

"...O que nós vimos com nossos olhos... nós vos anunciamos também, a fim de que estejais, por sua vez, em comunhão com o Pai e com seu Filho, Jesus Cristo... e que vossa alegria seja perfeita (I Jo., 1,1-4)."

"Bem-aventurados os vossos olhos, porque viram (Mt., 13, 16)."

2

Se historiadores tão curiosos quanto nós tivessem perguntado aos discípulos de Jesus como era seu semblante no dia da Ascensão do Senhor, provavelmente esses não saberiam ou não quereriam lembrar-se, do mesmo modo que um homem que acaba de ser queimado por um raio não sabe ou não quer se lembrar da forma do relâmpago.

Em ambos os casos, o próprio fato de fazer essa pergunta mostra que se é incapaz de compreender a resposta, seja ela qual for.

3

Para Pedro, testemunha ocular, o que caracteriza o semblante de Jesus, tal como dele se recorda — vê, é, no rosto divino, a divina força interior, DYNAMIS: "Eu vos anuncio a força de Jesus Cristo."

Todo traço exterior somente poderia limitar, prender essa força e desfigurar o próprio semblante. Por isso, os traços exteriores são completamente banidos do Evangelho. Nele, a imagem carnal do Homem Jesus se constrói, seu rosto vivo nasce, não de fora, mas de dentro.

Eis por que o Evangelho nunca descreve o semblante do Senhor, pois o Evangelho todo é que é esse semblante. Um rosto vivo num retrato ou num espelho? Não, na água negra dum poço profundo, em que um homem se tivesse olhado e en que seu rosto se tivesse refletido, iluminado de cima pelo sol enquanto que, embaixo, continuasse escuro, misteriosamente rodeado de estrelas diurnas.

4

Quando sentimos a voz de um ente humano sem ver seu rosto, adivinhamos se quem fala é homem ou mulher, menino ou velho, inimigo ou amigo. No timbre da voz ouvimos, vendo, o semblante do que fala. Nos traços — o rosto exterior, o que se vê; nas palavras — o rosto interior, o que se ouve. Conforme o rosto exterior, reconhecemos o interior e vice-versa. "Fala para que eu te veja" — estas sábias palavras são mais justificadas no Evangelho do que em qualquer outra parte:

> "Bem-aventurados vossos olhos que *veem* e vossos ouvidos que *ouvem* (Mt., 13, 16)".

Assim, o próprio Senhor une seus dois semblantes, o que se vê e o que se ouve, e seus discípulos fazem a mesma coisa:

> "O que *ouvimos*, o que *vimos* com nossos olhos nós vos anunciamos (Jo., 1,1-2)."

Em cada uma das palavras de Jesus se encontra seu semblante: ouvi-lo é vê-lo.

5

Toda alma humana que procura o semblante do Senhor no Evangelho é como Maria Madalena que, pela manhã cedo, quando ainda escuro, encontra o sepulcro vazio; procura o morto e se lamenta: "Quem o levou? Onde o puseram?" e não sabe, não vê que está vivo atrás dela.

De súbito se volta e o vê, mas não o reconhece.

"Mulher, por que choras? Quem procuras?" diz sua voz e ela continua a não reconhecê-lo.

— Maria!

E de repente o reconhece, caindo-lhe aos pés, toda trêmula como antes, quando estava possessa pelos sete demônios; atira--se para ele, quer tocá-lo e não consegue.

— Rabbuni? (Jo., 20,11-16).

Oh! por que não podemos, como Madalena, voltarmos, vê-lo, reconhecê-lo?

6

A arte é o menor cuidado de Marcos, quando, provavelmente segundo a reminiscência de Pedro, pinta com um sentimento que o maior dos artistas não igualaria — não o rosto de Jesus porém a "força", DYNAMIS, que emana desse rosto, na sua irresistível ação exterior sobre aqueles que o rodeiam.

A primeira impressão que as pessoas sentem, desde o começo do ministério de Jesus, após a cura dum possesso na sinagoga de Cafarnaum, é um espanto misturado ao medo.

> "Que é isto? É um ensinamento inteiramente novo!..
> Aquele comanda com autoridade aos próprios espíritos
> impuros e eles lhe obedecem (Mc., 1, 27)"

É o mesmo sentimento que, no último dia, experimenta Pilatos, quando, examinando o rosto do Preso, inconcebivelmente calmo diante dele, regiamente mudo, pergunta:

> "De onde és tu? PÓDEN EI SU? (Jo., 19, 9)"

Todos sentem essa força. Ela atrai de longe as almas humanas como o íman atrai a limalha de ferro. As multidões seguem-no passo a passo.

> "O povo se ajuntara aos milagres a ponto de as pessoas se
> esmagarem umas às outras (Lc., 12, 1)."

Eles as evita, esconde-se.

"Jesus não podia mais entrar abertamente numa cidade; porém ficava fora, nos lugares afastados. E vinham a ele de toda parte (Mc., 1, 45)."

"Então, disse a seus discípulos que lhe preparassem uma pequena barca, por causa da multidão, para não ser comprimido por ela (Mc., 3, 9)."

"Mas logo que desembarcaram, toda a planície de Genesaré se pôs em movimento (Mc., 6, 53-56)."

Ele atrai as multidões humanas como a Lua, as ondas da maré.

Que esperam esses homens dele? Sermões, sinais, milagres? Sim, porém alguma coisa ainda: parece que querem simplesmente estar com ele, ouvir-lhe a voz, ver-lhe o rosto, espantar-se, amedrontar-se, alegrar-se do que ele é, porque todos sentem confusamente que nunca houve sobre a terra semblante igual e que talvez jamais haja.

7

Não é preciso provar aos crentes que o movimento provocado por Jesus é sem igual, único na história; porém os próprios incrédulos poderiam compreender isso. Todos os outros movimentos populares, por maiores que sejam, se alargam, enquanto esse se aprofunda; todos rasgam o coração humano, esse penetra-o; todos são, segundo a razão humana, mais ou menos razoáveis, esse é perfeitamente "desarrazoado": seu fim — o reino de Deus na terra como no céu — se não é uma verdade que ultrapassa a razão, é uma completa "loucura"; todos os outros vão até os confins da terra, esse vai além; todos somente se desenvolvem nas "três dimensões", esse se desenvolve também na "quarta"; todos não passam de incêndios na planície, enormes fogos de palha, esse é uma explosão vulcânica, o fogo primordial que derrete o granito.

O movimento provocado por Jesus foi logo reprimido, extindo à primeira fagulha; porém, se a chama tivesse jorrado, se fosse propagado, é impossível imaginar como teria acabado. Tudo se passou num pedacinho de chão, num recanto obscuro de longínqua província romana, entre alguns milhares de pobres campônios e pescadores galileus. E isso somente durou alguns meses, mesmo algumas semanas, pois o Senhor passou todo o resto dos dois ou três anos de seu ministério a evitar o povo, a isolar-se com seus discípulos. Tudo se concentrou em um único ponto, apenas visível, do espaço, em um único instante do tempo. Mas esse ponto, crescendo, abrasará o globo terráqueo; e os homens não esquecerão esse instante até a consumação dos séculos.

Parece, às vezes, que, nesse ponto, nesse instante, um simples fio de cabelo separa a humanidade de alguma coisa que é realmente sem exemplo na história e que será para uns a perdição e para outros a salvação do mundo. Eis porque, olhando esse semblante, o mais comum, o mais extraordinário dos semblantes humanos, os homens sentem tanta alegria e tanto medo; todos sentem confusamente que é necessário fazer alguma coisa "depressa, depressa", ou, como repete, gaguejando, Marcos-Pedro: "logo, logo" — que é necessário matá-lo ou morrer por ele.

8

As multidões humanas são escuras vagas rugidoras da maré; seu rosto é a lua tranquila que os atrai.

"Tu és meu repouso, minha calma", diz a seu Filho o Espírito-Mãe. O que há de essencial no seu semblante é que é calmo — o mais calmo, o mais forte do mundo. Pedro lembra--se e Marcos descreve.

Uma tempestade sobre o lago de Genesaré. As vagas começam a encher a barca. Os remadores julgam-se perdidos. Mas o Mestre dormia à popa sobre um travesseiro, na embarcação prestes a afundar, como uma criança no berço.

> "Despertaram-no e disseram-lhe: Rabi, Rabi, não te importa que pereçamos? (Mc., 4, 38, Lc., 8, 24)."

Ele levantou-se, olhou as águas furiosas, o céu trevoso, e seu rosto ainda ficou mais tranquilo, mais sereno. Disse ao vento e ao mar, como o amo diz ao cão que ladra contra o estranho:

> "Cala-te, fica quieto!"

E o vento cessou subitamente, as vagas se alisaram, como sói acontecer no lago de Genesaré, onde o nordeste, soprando furiosamente pelos desfiladeiros das serras e caindo a prumo sobre as águas, desencadeia súbitos e terríveis temporais, que se acalmam também repentinamente (2).

> "E houve uma grande calma, GALENÉ MEGALÉ (Mc., 4, 39)."

A mesma calma de seu rosto. E, olhando essa face familiar e ignota, íntima e estranha,

> "deles se apoderou um grande medo",

não menor, sem dúvida, do que o que lhe havia posto o perigo por que acabavam de passar.

> "E diziam uns aos outros: Quem é esse a quem o próprio vento e mar obedecem? (Mc., 4, 41)"

9

As tempestades interiores humanas também lhe obedecem do mesmo modo que as exteriores dos elementos.

Chegando à outra margem, eles deixaram a barca e subiram a escarpa onde começa a triste planície de Gadara, toda de barro avermelhado, semeada de enfezadas touceiras de ervas que parecem as crostas duma pele inflamada — lugar impuro, antigo cemitério pagão, onde, então, os porcos procuravam seu alimento (3). Apenas ali chegados, viram no plaino escuro e silencioso, sob as nuvens negras e baixas, desabar sobre eles outra tempestade ainda mais terrível.

Não perceberam ao princípio que era um turbilhão, um animal ou um homem que se precipitava para eles, soltando gritos inauditos, horrendos, nem de gente, nem de bicho. De súbito, compreenderam: era o terror daqueles lugares, o demoníaco da Gadara, tão furioso que ninguém ousava passar por aquele caminho (Mt., 8, 28) e cuja força desmesurada não permitia que o amarrassem, pois rompia as cadeias, quebra, os grilhões e fugia para longe dos homens, para o deserto, onde ficava noite e dia pelos túmulos e montes, urrando e se magoando com pedras (Mc., 5, 4-5).

Vendo-o correr em sua direção, os discípulos se esconderam atrás das rochas e teriam fugido, se não fosse a vergonha de abandonar seu mestre. Este, de pé, esperava imóvel. Todos fecharam os olhos com pavor, para não ver. Os grifos, o tropel se aproximavam cada vez mais. De repente, tudo ficou calmo. Abriram os olhos e viram: lastimável, inofensivo, nu, magoado, coberto de feridas, o homem estava caído aos pés de Jesus e este, curvado para ele, olhava-o como uma mãe olha o filho doente.

Ninguém se lembrou mais muito bem do que em seguida se passou — foi algo de muito extraordinário, terrível, maravilhoso. Lembraram-se somente que, depois das duas primeiras tempestades, a dos elementos e a do homem, houve uma terceira, a dos animais: uma vara de dois mil porcos, fugindo num turbilhão de poeira, com gritos agudos e grunhidos, precipitando-se da alta ribanceira no lago. E, de novo, a calma.

A gente das aldeias próximas acorreu e viu, sentado ao pés de Jesus, o demoníaco curado, vestido e são de espírito.

Sobre seu rosto calmo, sereno, curvava-se o mais calmo e sereno de todos os rostos. E, vendo-o, ficaram apavorados como os remadores, após a tempestade, no lago.

"Quem é ele, pois?"

Em breve o saberão:

"O rei de terrível majestade",
Rex tremendae majestatis.

10

"Nada mais do que um pequeno Judeu, der Kleine Jude" — dirão Nietzsche e muitos outros sábios, gloriosos e poderosos deste mundo, e terão razão: sim, é mísero, nu, desprezado, coberto de galhofa e de opróbrio — "um verme e não um homem" — "um pequeno judeu". Mas olhem melhor seu semblante e ficarão loucos de pavor, caindo-lhe aos pés como o demoníaco de Gadara: "Não me atormentes!" — "Como é teu nome" — Chamo-me legião, porque somos muitos (Mc., 5, 7-9)."

Sim, são hoje mais numerosos do que nunca — imensa vara de porcos quase possessos e prestes a se precipitarem no abismo com gritos e grunhidos de triunfo: "Viva o progresso sem fim! Viva o Reinado do Homem sobre a Terra!"

11

Pedro não se recorda do rosto de Jesus e Marcos somente reproduz os olhos, ou melhor, o olhar. É compreensível: para Pedro, o que há nesse semblante de essencial, de inesquecível, seu "dinamismo", está nos olhos.

Dois olhos maravilhosamente cambiantes, "variáveis", *varii* — esse "sinal especial, particular" que se encontra no apócrifo de Lentulus, último eco talvez duma tradição-reminiscência, que ignoramos, é confirmado por Marcos-Pedro.

Antes da cura, na sinagoga de Cafarnaum, do homem da mão ressequida, quando ante a pergunta de Jesus: "É permitido no dia do sábado... salvar uma alma ou perdê-la?" Os fariseus ficaram silenciosos, ele "passeia", "lança" sobre eles um olhar rápido e penetrante, PERIBLEPHÁMENOS, indignado e aflito (tal é o duplo sentido da palavra SYNLYYPOMENOS) com o endurecimento de seu coração, (Mc., 3, 5). A indignação, a aflição, a piedade — tudo isso no mesmo olhar cambiante, "variável", como as facetas dum diamante, reflexo multicor dum raio de sol.

12

E eis um outro olhar ainda mais penetrante.

De longe, um moço rico veio a ele, como o demoníaco de Gadara e, do mesmo modo, se lhe lançou aos pés:

"Meu bom Mestre, que devo fazer para obter a vida eterna?"

Jesus respondeu-lhe primeiro com lugares comuns:
"Conheces os mandamentos"; mas, de repente, tendo-o "olhado" profundamente nos olhos, EMBLÉPSAS, "o amou".

"Vai, vende tudo o que possuis, dá aos pobres...
e vem, segue-me."

Mas, quando este, com o rosto "perturbado", STYGNASAS, "se afastou com tristeza", Jesus lançou "sobre os discípulos um rápido olhar (PEPHIBLEPSAMENOS, a mesma palavra que no relato da cura do homem da mão ressequida) e disse:

"Como é difícil a um rico entrar no reino de Deus!"

E como estes, espantados de suas palavras, lhe perguntassem:

"E quem poderá, então, salvar-se?"

com um olhar de amor, mais profundo ainda que o que acabara de mergulhar nos olhos do moço rico, ele lhes disse:

"Isto é impossível aos homens, porém não a Deus, que a Deus tudo é possível (Mc., 10, 17, 27)."

Em Bethabara, ouvindo passos atrás de si, Jesus, embora caminhando, voltou-se bruscamente e viu dois homens que o seguiam: João e André. Sem dúvida parou e olhou-os, primeiro a ambos, depois um deles: "Que quereis?" — "Rabi, onde moras?" — "Vinde e vede" (Jo., 1, 38-39). O "discípulo amado de Jesus" jamais esquecerá esse olhar, do mesmo modo que Pedro jamais esquecerá o olhar fulgurante do Senhor, quando lhe disse em Cesareia de Filipe:

"Arreda de mim, Satan! (Mc., 8, 33)."

13

"Seus olhos são como uma labareda, PHLÓS PYRÓS (Ap., 1, 14; 19, 12)."

É assim que "o discípulo amado de Jesus" ou pelo menos alguém que o conheceu de perto se lembrará, verá — nas duas visões sobre-humanas talvez — os olhos humanos de Jesus.

O olhar de Jesus tem uma pureza de fogo e todo o seu corpo é ardente e luminoso, bem entendido para os que veem, enquanto para os cegos é como a lagarta de fogo, que parece escura de dia — "um pequeno judeu".

14

Tem-se, às vezes, a impressão de que o "logo, logo, logo", tão repetido por Marcos-Pedro (4), como no resfolegar duma corrida precipitada, vem não somente deles, Pedro e Marcos, mas também do próprio Jesus: é a ávida precipitação duma chama devoradora.

> "Eu vim lançar fogo à terra e como desejaria que já estivesse aceso! (Lc., 12, 49)."

Nos seus olhos, já está aceso. Melhor ainda do que os homens, os demônios veem esse fogo que os apavora e os atrai irresistivelmente. De longe, correm, voam para ele, como borboletas noturnas para a chama duma vela. Queimam-se, caem, debatem-se, gritam:

> "Tu me queimas, tu me queimas!"
> KAIEIS ME, KAIEIS ME (5).

Os demônios sabem — o que os homens ainda ignoram — que um dia o mundo será abrasado e se consumirá como uma borboleta noturna.

15

Nos milagres da cura é que Marcos sabe pintar ao vivo o "dinamismo" do rosto e dos olhos de Jesus: os homens veem nele uma força "mágica", ora divina, ora demoníaca.

> "Os escribas diziam: ele será possesso de Belzebuth e expulsa os demônios pelo maioral dos demônios (Mc., 7, 22)."

Após a cura do demoníaco, os habitantes da planície de Gadara pediram a Jesus que "se retirasse de sua terra" (Mc. 5,17.). Cortesmente, sem recriminar a enorme perda (dois mi porcos) que haviam sofrido, afastaram-se, receosos que esse poderoso e terrível "feiticeiro" causasse outros prejuízos.

"Jesus foi condenado como mágico, MAGOS", dirão igualmente Triphon e Judeu (6).

16

Seu olhar "penetrante", — "eficaz, mais penetrante do que uma lâmina de dois gumes, atingindo até a divisão da alma, do espírito, das juntas e das medulas" (Heb., 4, 12.), é a arma mais poderosa de sua força curativa. Com esse olhar, ele abre as portas do corpo de outrem, como o dono da casa abre as portas de seu lar, e entra como na sua moradia.

Antes, porém, de curar um enfermo, deve cair doente com ele para com ele se curar. Eis por que, no momento da cura, o doente lhe é mais caro do que um filho à sua mãe. Se diz "minha filha" à hemorroidária, meu "filho", meu "menino", TÉKNON (Mc., 5, 34; 2, 5), ao paralítico de Cafarnaum, é porque os homens ignoram que há um amor maior do que o que se exprime com essas palavras; mas ele o sabe.

Para o Evangelho, todas as enfermidades — os "flagelos", MASTIGES (Mc., 3, 10), são castigos divinos ou por pecados temporários, ou pelo pecado eterno, original (Jo., 9, 2). E é seu corpo, em lugar do do enfermo, que o médico Jesus submete a esses "flagelos", como se o Filho dissesse ao pai: "Se o feres, me ferirás com ele; se me poupas, me pouparás com ele." No Gólgota, dum gole beberá a taça de todas as dores humanas, enquanto que, nas curas, a bebe lentamente, gota a gota. Aqui, não é mais abstratamente, porém tangivelmente, com toda a nossa carne dolorosa, que sentimos ou pelo menos podemos sentir o que querem dizer essas palavras:

"Ele tomou nossas enfermidades e se carregou com nossas dores... e é por suas chagas que somos curados (Is., 53, 4-5)."

17

Todos os médicos são externos, aparentes; somente ele é o Médico interno.

> "Uma mulher doente duma perda de sangue (RYGEAIMATOS) desde os 12 anos, que havia sofrido muito às mãos de vários médicos e que, depois de haver gasto toda a sua fortuna, não ficara curada, antes piorara, ouviu falar de Jesus e veio com a multidão, tocando por trás nas suas vestes. Porque ela pensava: se ao menos eu puder tocar nas suas vestes, ficarei boa (Mc., 25, 28)."

Ela aproximou-se por trás, porque tinha vergonha de sua doença e a ocultava, do mesmo modo que todos escondem uns dos outros sua eterna "chaga vergonhosa" — o sexo.
Marcos esqueceu. Mateus e Lucas lembraram-se de que ela tocou, não as vestes, mas a "barra", em grego, KRASPEDA, em hebreu, "tsisi" ou "kanaf", da qual foi dito:

> "O Senhor disse a Moisés: Fala aos filhos de Israel e dize-lhes que façam, de tempos em tempos, uma franja à ponta de suas vestes e ponham um cordão azul nessa franja. Usareis essa franja e, vendo-a, vos lembrareis de todos os mandamentos do Senhor (Nos., 15, 37-40)."

Outrora usada por todos os judeus, no tempo de Jesus só a traziam os mais puros observadores da Lei e, entre ele, o Rabi Jeschua:

> "Nem um jota, nem um traço de letra da Lei passará (Mt., 5, 18)."

18

Para tocar a barra ou franja que pendia muito em baixo, ela teve, sem dúvida, de se curvar para o chão, de quase se arrastar com o risco de ser esmagada pela multidão dos que, atingidos de "chagas-flagelos", "se atiravam a Jesus, a fim de tocá-lo" (Mc., 3, 10). Aproximou-se dele por trás como uma ladra, tocou com o dedo ou com a ponta dos lábios uma das franjas empoeiradas e descoloridas pelo sol, e o milagre se deu: transpassada como por um raio pela "força" que emanava de Jesus, ela caiu toda trêmula a seus pés.

"E, nesse instante, a hemorragia parou; e ela sentiu em seu corpo que estava curada de sua doença."

Ela quis esconder-se na multidão, mas não teve tempo.

"Jesus, tendo sentido nele próprio que uma força saíra dele",

(como uma nuvem de tempestade, se pudesse sentir, sentiria o raio que dela partiu),

"voltou-se no meio da multidão e disse: quem me tocou? Vês que o povo se comprime e perguntas: quem me tocou?"

replicou Pedro com impaciência, como se houvesse esquecido com Quem falava.

"Mas ele olhava em derredor para ver quem tinha feito aquilo.
Então, a mulher apavorada e trêmula, vendo que não podia ficar escondida... veio atirar-se a seus pés e contou toda a verdade.
Jesus disse-lhe: "toma coragem, minha filha, tua fé te salvou, vai em paz (Mc., 5, 29-34; Lc., 8, 45-47; Mt., 9, 22)."

Ele submeteu também seu corpo a esse "flagelo"; tomou também sobre si essa "chaga vergonhosa" de toda a humanidade — o sexo.

19

Chorava, às vezes, mas não ria nunca, *aliquando flevit, sed nunquam risit*, lembra-se ou adivinha Lentulus. A crispação do riso, que não é talvez humana, nem animal, mas diabólica, jamais desfigurou esse único semblante perfeitamente humano.

Não ria nunca, mas certamente sorria. Em muitas parábolas, se encontra seu sorriso vivo como em lábios vivos. Pode-se, no momento em que se beija os filhos, imaginar seu rosto sem o sorriso? "Ele era jocoso, alegre, *hitaris*", lembra-se ou adivinha ainda Lentulus.

As criancinhas também choram, mas não riem; mais tarde, quando começam a rir, fazem-no ainda sem jeito, como se isso não lhes fosse natural, e, logo depois de rir, tornam a ficar sérias, quase severas: seus rostos parecem guardar ainda o reflexo da majestade celeste.

Jesus está mais perto das criancinhas do que da gente grande:

> "Eu estava no vosso meio com as crianças e não me reconhecestes (8)."

Se não nos convertemos e não nos tornarmos como as criancinhas, não entraremos no Reino e não veremos sua Face.

> "Aquele que me procura me achará entre as crianças de 7 anos, porque eu, que me oculto no décimo quarto Eon (a mais profunda eternidade), me revelo às crianças."
> "Apresentaram-lhe algumas crianças para que as tocasse. E, tendo-as tomado nos braços, impôs-lhes as mãos e a abençoou (Mc., 10, 13, 16)."

É o que existe de mais terno neste mundo, que é talvez o mais grosseiro dos mundos; dir-se-ia que, com as crianças, a carne de outro mundo entra no nosso, numa nuvem luminosa.

Só poderia compreender toda a graça divina de seu semblante quem o tivesse visto aureolado de rostos infantis. As pessoas adultas ficam espantadas, amedrontadas por ele, enquanto que as crianças se alegram, como se, olhando-o nos olhos, o reconhecessem, se lembrassem do que os grandes esqueceram: o céu suave, o suave sol do paraíso.

20

O que é infantil está mais perto de Jesus do que o que é adulto; o feminino, mais próximo do que o masculino.

O "Filho de Maria" — é assim que todos o chamam em Nazaré (Mc., 5, 3), não porque José já tivesse morrido ou que o houvessem esquecido. Em todo o país se lembravam de que Jesus era "Filho de Davi, filho de José" e na sua cidade natal ninguém poderia esquecer isso. Se é "Filho de Maria" e não de José, é provavelmente porque o filho sai mais à mãe do que ao pai. Seu rosto parece tanto com ela que, olhando-o, todos olvidam o pai para só se recordarem da mãe.

Se não é por acaso que Lucas aproxima esses dois semblantes com duas palavras da mesma raiz: KEGORIZTOMELE, KARIS, *gratiosa, gratias,* "Alegra-te, cheia de *graça*" e "Jesus crescia *em graça*" (Lc., 1, 26; 2, 52) — a autenticidade histórica desse traço, a parecença de Jesus com sua mãe, como todos os que se conservaram na Face Maravilhosa, se acha confinada no Evangelho.

"Ele tinha o rosto como todos nós, filhos de Adão", diz João Damasceno, referindo-se provavelmente a testemunhos muito antigos, provindos talvez dos primeiros cristãos, e acrescenta um traço que, sem dúvida, mais fundamente se gravara na memória dos que haviam visto Jesus: "ele se parecia com sua mãe" (10).

O mesmo traço e quase as mesmas expressões se encontram em Nicéforo Calisto, que parece se referir, não ao Damasceno, mas a outros testemunhos antiquíssimos: "Seu rosto parecia com o de sua mãe". E repete, insiste, sentindo também aparentemente a preciosa autenticidade desse traço: "Era em tudo perfeitamente parecido com sua divina Mãe" (11).

21

Lembremo-nos do apócrifo de *Pistis Sophia* sobre a perfeita semelhança do Menino Jesus e do Espírito, sua Mãe, Irmã, Esposa:

Olhando-vos, tu e ele (ela), víamos que éreis perfeitamente semelhantes. E o Espírito te abraçou e te beijou e tu fizeste o mesmo.
E vos tornastes um (12).

No primeiro Adão, imortal, o de antes da criação de Eva, os dois eram um (3); depois, se dividiram em um homem e uma mulher; e por essa divisão, essa "chaga vergonhosa — o sexo — a morte penetrou no mundo: os homens começar a nascer e morrer. Os dois tornarão a ser um novo Adão, Jesus, a fim de vencer a morte.

... Alguém lhe tendo perguntado quando viria o reino de Deus, o Senhor disse: quando dois forem um... e o masculino for feminino, e não houver mais nem masculino nem feminino (14).

22

"Tu és mais belo do que qualquer outro dos filhos homem" — "Jesus é, com efeito, o mais belo de tudo o que no mundo e do próprio mundo. Quando apareceu, como o sol, eclipsou as estrelas" (15). Em que, pois, sua beleza supera todas as belezas do mundo? Em não ser masculina nem feminina e sim "a reunião do masculino e feminino numa perfeita harmonia" (16).

"Eu venci o mundo"(Jo., 16, 38). Para dizer isso, é preciso ter sido perfeitamente homem. Entretanto, olhando o Filho, é impossível não lembrar a mãe.

"Bem-aventurados os flancos que te geraram e o seio que te amamentou (Lc., 11, 27)."

Ele está nela — ela está nele: a eterna Feminilidade-Virgindade na Virilidade eterna: Dois em Um. Não é sem razão que os homens os amam juntos. A linguagem humana não tem palavras para exprimir esse amor, porém por mais que nos afastemos d'Ele, O esqueçamos — lembrar-nos-emos um dia que só esse amor por Ele, por Ela, salvará o mundo.

23

O que sentimos ou sentiremos um dia, procurando seu semblante vivo, é idêntico, embora contrário ao que sentiam seus discípulos no Monte das Oliveiras, no dia de sua Ascensão:

"Ele os fez sair (de Jerusalém)... e, levantando as mãos, os abençoou.
Enquanto os abençoava, começou a se afastar deles, *dieste aplaiton,* e a se elevar para o céu (Lc., 14, 50-51)."

Afastando-se lentamente, continuou a abençoá-los e a olhá-los; eles lhe viam ainda o rosto. Porém foi se afastando cada vez mais e acabaram por não vê-lo. Só viam seu corpo diminuindo — adolescente, menino, pomba, borboleta, mosquito — e eis que de repente desapareceu de todo. Mas continuaram a fitar os olhos ansiosos no espaço vazio, procurando-o no céu limpo.

"E como tinham os olhos pregados no céu... eis que dois homens vestidos de branco se apresentaram diante deles e lhes disseram: homens da Galileia, por que estais parados, olhando para o céu?
Esse Jesus que foi levado (raptado, ÁNALEMPHTHEIS) do meio de vós, voltará, do mesmo modo por que o viste subir (Act., I, II)."

Eles mesmos sabiam que voltaria. Mas que tem isso? Quantos séculos, quantas eternidades a esperar! E agora estavam sozinhos, jamais veriam seu semblante vivo, jamais ouviriam sua voz viva. E ficara no mundo um vácuo horrível como se Jesus tivesse morrido, ressuscitado e morrido de novo.

"Eles voltaram a Jerusalém cheios de grande alegria",

conta Lucas (24, 52). Mas antes dessa alegria, deviam ter sentido uma grande dor, senão não amariam o Senhor.

24

O que, então, começou no Monte das Oliveiras prosseguiu durante dois mil anos no cristianismo para chegar a um ponto muito próximo de nós, porém ainda invisível, no passado ou no futuro, ponto em que se produziu ou se produzirá para nós alguma coisa análoga à que homens, voando da terra à Lua, sentiriam no momento em que acabasse a atração terrestre e principiasse a atração lunar, lentamente, progressivamente, insensivelmente, depois bruscamente, incrivelmente, vertiginosamente, tudo se tornaria ao contrário para ele: havia ainda um instante que subiam e já iam descendo. Dá-se o mesmo conosco: num instante que ninguém notou, entre duas Vindas, a primeira e a segunda, entre duas atrações, de súbito tudo se tornou ao contrário ou se tornará. É, então, que nossas buscas da Face do Senhor, começamos ou começaremos a sentir uma emoção ao mesmo tempo idêntica e contrária à dos discípulos do Senhor no Monte das Oliveiras, no dia da Ascensão. Fitamos no céu vazio o mesmo olhar ansioso, porém ali onde desapareceu para eles o derradeiro ponto de seu corpo que se elevava, veremos aparecer o primeiro ponto de seu corpo que desce; afastava-se deles, aproxima-se de nós; houve uma separação, haverá uma reunião. Nesse momento único, por mais espantoso e apavorante que isto seja, nós desgraçados, os enfermos, os pecadores, seremos mais felizes que os Grandes, os Santos.

25

Sim, por mais pavoroso que isso nos pareça, nós, homens do Fim, da segunda Vinda, nós estamos mais perto do que ninguém, nesses dois mil anos de cristianismo, de ver seu rosto fulgurante:

> "Porque, como o relâmpago se abre no Oriente e brilha até o Ocidente, assim será também a vinda do Filho do Homem (Mt., 24, 27)."

O raio consumindo o mundo, o trovão abalando terra e céu, vêm dele; mas Ele está calmo: "Tu és meu Filho bem-amado, meu repouso, minha calma", diz o Espírito-Mãe.

Nós não o vemos ainda com nossos olhos, mas já o sentimos com nosso coração: o milagre dos milagres, o eterno e calmo relâmpago, eis seu semblante.

DADOS BIOGRÁFICOS

Huberto Rohden

Nasceu na antiga região de Tubarão, hoje São Ludgero, Santa Catarina, Brasil, em 1893. Fez estudos no Rio Grande do Sul. Formou-se em Ciências, Filosofia e Teologia em universidades da Europa — Innsbruck (Áustria), Valkenburg (Holanda) e Nápoles (Itália).

De regresso ao Brasil, trabalhou como professor, conferencista e escritor. Publicou mais de 65 obras sobre ciência, filosofia e religião, entre as quais várias foram traduzidas para outras línguas, inclusive para o esperanto; algumas existem em braile, para institutos de cegos.

Rohden não era filiado a nenhuma igreja, seita ou partido político. Fundou e dirigiu o movimento filosófico e espiritual Alvorada.

De 1945 a 1946 teve uma bolsa de estudos para pesquisas científicas, na Universidade de Princeton, Nova Jersey (Estados Unidos), onde conviveu com Albert Einstein e lançou os alicerces para o movimento de âmbito mundial da Filosofia Univérsica, tomando por base do pensamento e da vida humana a constituição do próprio Universo, evidenciando a afinidade entre Matemática, Metafísica e Mística.

Em 1946, Huberto Rohden foi convidado pela American University, de Washington, D. C., para reger as cátedras de Filosofia Universal e de Religiões Comparadas, cargo este que exerceu durante cinco anos.

Durante a última Guerra Mundial foi convidado pelo Bureau of Inter-American Affairs, de Washington, para fazer parte do corpo de tradutores das notícias de guerra, do inglês para o português. Ainda na American University, de Washington, fundou o Brazilian Center, centro cultural brasileiro, com o fim de manter intercâmbio cultural entre o Brasil e os Estados Unidos.

Na capital dos Estados Unidos, frequentou, durante três anos, o Golden Lotus Temple, onde foi iniciado em *Kriya--yoga* por Swami Premananda, diretor hindu desse *ashram*.

Ao fim de sua permanência nos Estados Unidos, Huberto Rohden foi convidado para fazer parte do corpo docente da nova International Christian University (ICU) de Metaka, Japão, a fim de reger as cátedras de Filosofia Universal e Religiões Comparadas; mas, por causa da guerra na Coreia, a universidade japonesa não foi inaugurada, e regressou ao Brasil. Em São Paulo foi nomeado professor de Filosofia na Universidade Mackenzie, cargo do qual não tomou posse.

Em 1952, fundou em São Paulo a Instituição Cultural e Beneficente Alvorada, onde mantinha cursos permanentes em São Paulo, Rio de Janeiro e Goiânia, sobre Filosofia Univérsica e Filosofia do Evangelho, e dirigia Casas de Retiro Espiritual (*ashrams*) em diversos estados do Brasil.

Em 1969, empreendeu viagens de estudo e experiência espiritual pela Palestina, Egito, Índia e Nepal, realizando diversas conferências com grupos de iogues na Índia.

Em 1976, foi chamado a Portugal para fazer conferências sobre autoconhecimento e autorrealização. Em Lisboa fundou um setor do Centro de Autorrealização Alvorada.

Nos últimos anos, Rohden residia na capital de São Paulo, onde permanecia alguns dias da semana escrevendo e reescrevendo seus livros, nos textos definitivos. Costumava passar três dias da semana no *ashram*, em contato com a natureza, plantando árvores, flores ou trabalhando no seu apiário-modelo.

Quando estava na capital, frequentava periodicamente a editora responsável pela publicação de seus livros, dando-lhe orientação cultural e inspiração.

À zero hora do dia 7 de outubro de 1981, após longa internação em uma clínica naturista de São Paulo, aos 87 anos, o professor Huberto Rohden partiu deste mundo e do convívio de seus amigos e discípulos. Suas últimas palavras em estado consciente foram: "Eu vim para servir à Humanidade."

Ele deixa, para as gerações futuras, um legado cultural e um exemplo de fé e trabalho somente comparados aos dos grandes homens do século XX.

Huberto Rohden é o principal editando da Editora Martin Claret.

Relação de obras do Prof. Huberto Rohden

Coleção Filosofia Universal

O pensamento filosófico da Antiguidade
A filosofia contemporânea
O espírito da filosofia oriental

Coleção Filosofia do Evangelho

Filosofia cósmica do Evangelho
O Sermão da Montanha
Assim dizia o Mestre
O triunfo da vida sobre a morte
O nosso Mestre

Coleção Filosofia da Vida

De alma para alma
Ídolos ou ideal?
Escalando o Himalaia
O caminho da felicidade
Deus
Em espírito e verdade
Em comunhão com Deus
Cosmorama

Por que sofremos
Lúcifer e Logos
A grande libertação
Bhagavad Gita (tradução)
Setas para o infinito
Entre dois mundos
Minhas vivências na Palestina, Egito e Índia
Filosofia da arte
A arte de curar pelo espírito. Autor: Joel Goldsmith (tradução)
Orientando
"Que vos parece do Cristo?"
Educação do homem integral
Dias de grande paz (tradução)
O drama milenar do Cristo e do Anticristo
Luzes e sombras da alvorada
Roteiro cósmico
A metafísica do cristianismo
A voz do silêncio
Tao Te Ching de Lao-tsé (tradução) — ilustrado
Sabedoria das parábolas
O 5º Evangelho segundo Tomé (tradução)
A nova humanidade
A mensagem viva do Cristo (Os quatro Evangelhos — tradução)
Rumo à consciência cósmica
O homem
Estratégias de Lúcifer
O homem e o Universo
Imperativos da vida
Profanos e iniciados
Novo Testamento
Lampejos evangélicos
O Cristo Cósmico e os Essênios
A experiência cósmica

Coleção Mistérios da Natureza

Maravilhas do Universo
Alegorias
Ísis
Por mundos ignotos

Coleção Biografias

Paulo de Tarso
Agostinho
Por um ideal — 2 vols. — autobiografia
Mahatma Gandhi — ilustrado
Jesus Nazareno — 2 vols.
Einstein — O enigma da Matemática — ilustrado
Pascal — ilustrado
Myriam

Coleção Opúsculos

Catecismo da filosofia
Saúde e felicidade pela cosmomeditação
Assim dizia Mahatma Gandhi (100 pensamentos — tradução)
Aconteceu entre 2000 e 3000
Ciência, milagre e oração são compatíveis?
Autoiniciação e cosmomeditação
Filosofia univérsica – sua origem, sua natureza e sua finalidade

Relação dos Volumes Publicados

1. **Dom Casmurro**
   Machado de Assis
2. **O Príncipe**
   Maquiavel
3. **Mensagem**
   Fernando Pessoa
4. **O Lobo do Mar**
   Jack London
5. **A Arte da Prudência**
   Baltasar Gracián
6. **Iracema / Cinco Minutos**
   José de Alencar
7. **Inocência**
   Visconde de Taunay
8. **A Mulher de 30 Anos**
   Honoré de Balzac
9. **A Moreninha**
   Joaquim Manuel de Macedo
10. **A Escrava Isaura**
    Bernardo Guimarães
11. **As Viagens - "Il Milione"**
    Marco Polo
12. **O Retrato de Dorian Gray**
    Oscar Wilde
13. **A Volta ao Mundo em 80 Dias**
    Júlio Verne
14. **A Carne**
    Júlio Ribeiro
15. **Amor de Perdição**
    Camilo Castelo Branco
16. **Sonetos**
    Luís de Camões
17. **O Guarani**
    José de Alencar
18. **Memórias Póstumas de Brás Cubas**
    Machado de Assis
19. **Lira dos Vinte Anos**
    Álvares de Azevedo
20. **Apologia de Sócrates / Banquete**
    Platão
21. **A Metamorfose/Um Artista da Fome/Carta a Meu Pai**
    Franz Kafka
22. **Assim Falou Zaratustra**
    Friedrich Nietzsche
23. **Triste Fim de Policarpo Quaresma**
    Lima Barreto
24. **A Ilustre Casa de Ramires**
    Eça de Queirós
25. **Memórias de um Sargento de Milícias**
    Manuel António de Almeida
26. **Robinson Crusoé**
    Daniel Defoe
27. **Espumas Flutuantes**
    Castro Alves
28. **O Ateneu**
    Raul Pompeia
29. **O Noviço / O Juiz de Paz da Roça / Quem Casa Quer Casa**
    Martins Pena
30. **A Relíquia**
    Eça de Queirós
31. **O Jogador**
    Dostoiévski
32. **Histórias Extraordinárias**
    Edgar Allan Poe
33. **Os Lusíadas**
    Luís de Camões
34. **As Aventuras de Tom Sawyer**
    Mark Twain
35. **Bola de Sebo e Outros Contos**
    Guy de Maupassant
36. **A República**
    Platão
37. **Elogio da Loucura**
    Erasmo de Rotterdam
38. **Caninos Brancos**
    Jack London
39. **Hamlet**
    William Shakespeare
40. **A Utopia**
    Thomas More
41. **O Processo**
    Franz Kafka
42. **O Médico e o Monstro**
    Robert Louis Stevenson
43. **Ecce Homo**
    Friedrich Nietzsche
44. **O Manifesto do Partido Comunista**
    Marx e Engels
45. **Discurso do Método / Regras para a Direção do Espírito**
    René Descartes
46. **Do Contrato Social**
    Jean-Jacques Rousseau
47. **A Luta pelo Direito**
    Rudolf von Ihering
48. **Dos Delitos e das Penas**
    Cesare Beccaria
49. **A Ética Protestante e o Espírito do Capitalismo**
    Max Weber
50. **O Anticristo**
    Friedrich Nietzsche
51. **Os Sofrimentos do Jovem Werther**
    Goethe
52. **As Flores do Mal**
    Charles Baudelaire
53. **Ética a Nicômaco**
    Aristóteles
54. **A Arte da Guerra**
    Sun Tzu
55. **Imitação de Cristo**
    Tomás de Kempis
56. **Cândido ou o Otimismo**
    Voltaire
57. **Rei Lear**
    William Shakespeare
58. **Frankenstein**
    Mary Shelley
59. **Quincas Borba**
    Machado de Assis
60. **Fedro**
    Platão
61. **Política**
    Aristóteles
62. **A Viuvinha / Encarnação**
    José de Alencar
63. **As Regras do Método Sociológico**
    Émile Durkheim
64. **O Cão dos Baskervilles**
    Sir Arthur Conan Doyle
65. **Contos Escolhidos**
    Machado de Assis
66. **Da Morte / Metafísica do Amor / Do Sofrimento do Mundo**
    Arthur Schopenhauer
67. **As Minas do Rei Salomão**
    Henry Rider Haggard
68. **Manuscritos Econômico-Filosóficos**
    Karl Marx
69. **Um Estudo em Vermelho**
    Sir Arthur Conan Doyle
70. **Meditações**
    Marco Aurélio
71. **A Vida das Abelhas**
    Maurice Materlinck
72. **O Cortiço**
    Aluísio Azevedo
73. **Senhora**
    José de Alencar
74. **Brás, Bexiga e Barra Funda / Laranja da China**
    Antônio de Alcântara Machado
75. **Eugênia Grandet**
    Honoré de Balzac
76. **Contos Gauchescos**
    João Simões Lopes Neto
77. **Esaú e Jacó**
    Machado de Assis
78. **O Desespero Humano**
    Sören Kierkegaard
79. **Dos Deveres**
    Cícero
80. **Ciência e Política**
    Max Weber
81. **Satíricon**
    Petrônio
82. **Eu e Outras Poesias**
    Augusto dos Anjos
83. **Farsa de Inês Pereira / Auto da Barca do Inferno / Auto da Alma**
    Gil Vicente
84. **A Desobediência Civil e Outros Escritos**
    Henry David Toreau
85. **Para Além do Bem e do Mal**
    Friedrich Nietzsche
86. **A Ilha do Tesouro**
    R. Louis Stevenson
87. **Marília de Dirceu**
    Tomás A. Gonzaga
88. **As Aventuras de Pinóquio**
    Carlo Collodi
89. **Segundo Tratado Sobre o Governo**
    John Locke
90. **Amor de Salvação**
    Camilo Castelo Branco
91. **Broquéis/Faróis/Últimos Sonetos**
    Cruz e Souza
92. **I-Juca-Pirama / Os Timbiras / Outros Poemas**
    Gonçalves Dias
93. **Romeu e Julieta**
    William Shakespeare
94. **A Capital Federal**
    Arthur Azevedo
95. **Diário de um Sedutor**
    Sören Kierkegaard
96. **Carta de Pero Vaz de Caminha a El-Rei Sobre o Achamento do Brasil**
97. **Casa de Pensão**
    Aluísio Azevedo
98. **Macbeth**
    William Shakespeare

99. **Édipo Rei/Antígona**
   Sófocles

100. **Luciola**
    José de Alencar

101. **As Aventuras de Sherlock Holmes**
    Sir Arthur Conan Doyle

102. **Bom-Crioulo**
    Adolfo Caminha

103. **Helena**
    Machado de Assis

104. **Poemas Satíricos**
    Gregório de Matos

105. **Escritos Políticos / A Arte da Guerra**
    Maquiavel

106. **Ubirajara**
    José de Alencar

107. **Diva**
    José de Alencar

108. **Eurico, o Presbítero**
    Alexandre Herculano

109. **Os Melhores Contos**
    Lima Barreto

110. **A Luneta Mágica**
    Joaquim Manuel de Macedo

111. **Fundamentação da Metafísica dos Costumes e Outros Escritos**
    Immanuel Kant

112. **O Príncipe e o Mendigo**
    Mark Twain

113. **O Domínio de Si Mesmo pela Auto-Sugestão Consciente**
    Émile Coué

114. **O Mulato**
    Aluísio Azevedo

115. **Sonetos**
    Florbela Espanca

116. **Uma Estadia no Inferno / Poemas / Carta do Vidente**
    Arthur Rimbaud

117. **Várias Histórias**
    Machado de Assis

118. **Fédon**
    Platão

119. **Poesias**
    Olavo Bilac

120. **A Conduta para a Vida**
    Ralph Waldo Emerson

121. **O Livro Vermelho**
    Mao Tsé-Tung

122. **Oração aos Moços**
    Rui Barbosa

123. **Otelo, o Mouro de Veneza**
    William Shakespeare

124. **Ensaios**
    Ralph Waldo Emerson

125. **De Profundis / Balada do Cárcere de Reading**
    Oscar Wilde

126. **Crítica da Razão Prática**
    Immanuel Kant

127. **A Arte de Amar**
    Ovídio Naso

128. **O Tartufo ou O Impostor**
    Molière

129. **Metamorfoses**
    Ovídio Naso

130. **A Gaia Ciência**
    Friedrich Nietzsche

131. **O Doente Imaginário**
    Molière

132. **Uma Lágrima de Mulher**
    Aluísio Azevedo

133. **O Último Adeus de Sherlock Holmes**
    Sir Arthur Conan Doyle

134. **Canudos - Diário de Uma Expedição**
    Euclides da Cunha

135. **A Doutrina de Buda**
    Siddharta Gautama

136. **Tao Te Ching**
    Lao-Tsé

137. **Da Monarquia / Vida Nova**
    Dante Alighieri

138. **A Brasileira de Prazins**
    Camilo Castelo Branco

139. **O Velho da Horta/Quem Tem Farelos?/Auto da Índia**
    Gil Vicente

140. **O Seminarista**
    Bernardo Guimarães

141. **O Alienista / Casa Velha**
    Machado de Assis

142. **Sonetos**
    Manuel du Bocage

143. **O Mandarim**
    Eça de Queirós

144. **Noite na Taverna / Macário**
    Álvares de Azevedo

145. **Viagens na Minha Terra**
    Almeida Garrett

146. **Sermões Escolhidos**
    Padre Antonio Vieira

147. **Os Escravos**
    Castro Alves

148. **O Demônio Familiar**
    José de Alencar

149. **A Mandrágora / Belfagor, o Arquidiabo**
    Maquiavel

150. **O Homem**
    Aluísio Azevedo

151. **Arte Poética**
    Aristóteles

152. **A Megera Domada**
    William Shakespeare

153. **Alceste/Electra/Hipólito**
    Eurípedes

154. **O Sermão da Montanha**
    Huberto Rohden

155. **O Cabeleira**
    Franklin Távora

156. **Rubáiyát**
    Omar Khayyám

157. **Luzia-Homem**
    Domingos Olímpio

158. **A Cidade e as Serras**
    Eça de Queirós

159. **A Retirada da Laguna**
    Visconde de Taunay

160. **A Viagem ao Centro da Terra**
    Júlio Verne

161. **Caramuru**
    Frei Santa Rita Durão

162. **Clara dos Anjos**
    Lima Barreto

163. **Memorial de Aires**
    Machado de Assis

164. **Bhagavad Gita**
    Krishna

165. **O Profeta**
    Khalil Gibran

166. **Aforismos**
    Hipócrates

167. **Kama Sutra**
    Vatsyayana

168. **O Livro da Jângal**
    Rudyard Kipling

169. **De Alma para Alma**
    Huberto Rohden

170. **Orações**
    Cícero

171. **Sabedoria das Parábolas**
    Huberto Rohden

172. **Salomé**
    Oscar Wilde

173. **Do Cidadão**
    Thomas Hobbes

174. **Porque Sofremos**
    Huberto Rohden

175. **Einstein: o Enigma do Universo**
    Huberto Rohden

176. **A Mensagem Viva do Cristo**
    Huberto Rohden

177. **Mahatma Gandhi**
    Huberto Rohden

178. **A Cidade do Sol**
    Tommaso Campanella

179. **Setas para o Infinito**
    Huberto Rohden

180. **A Voz do Silêncio**
    Helena Blavatsky

181. **Frei Luís de Sousa**
    Almeida Garrett

182. **Fábulas**
    Esopo

183. **Cântico de Natal/ Os Carrilhões**
    Charles Dickens

184. **Contos**
    Eça de Queirós

185. **O Pai Goriot**
    Honoré de Balzac

186. **Noites Brancas e Outras Histórias**
    Dostoiévski

187. **Minha Formação**
    Joaquim Nabuco

188. **Pragmatismo**
    William James

189. **Discursos Forenses**
    Enrico Ferri

190. **Medeia**
    Eurípedes

191. **Discursos de Acusação**
    Enrico Ferri

192. **A Ideologia Alemã**
    Marx & Engels

193. **Prometeu Acorrentado**
    Ésquilo

194. **Iaiá Garcia**
    Machado de Assis

195. **Discursos no Instituto dos Advogados Brasileiros / Discurso no Colégio Anchieta**
    Rui Barbosa

196. **Édipo em Colono**
    Sófocles

197. **A Arte de Curar pelo Espírito**
    Joel S. Goldsmith

198. **Jesus, o Filho do Homem**
    Khalil Gibran

199. **Discurso sobre a Origem e os Fundamentos da Desigualdade entre os Homens**
    Jean-Jacques Rousseau

200. **Fábulas**
    La Fontaine

201. **O Sonho de uma Noite de Verão**
    William Shakespeare

202. **Maquiavel, o Poder**
 José Nivaldo Junior

203. **Ressurreição**
 Machado de Assis

204. **O Caminho da Felicidade**
 Huberto Rohden

205. **A Velhice do Padre Eterno**
 Guerra Junqueiro

206. **O Sertanejo**
 José de Alencar

207. **Gitanjali**
 Rabindranath Tagore

208. **Senso Comum**
 Thomas Paine

209. **Canaã**
 Graça Aranha

210. **O Caminho Infinito**
 Joel S. Goldsmith

211. **Pensamentos**
 Epicuro

212. **A Letra Escarlate**
 Nathaniel Hawthorne

213. **Autobiografia**
 Benjamin Franklin

214. **Memórias de Sherlock Holmes**
 Sir Arthur Conan Doyle

215. **O Dever do Advogado / Posse de Direitos Pessoais**
 Rui Barbosa

216. **O Tronco do Ipê**
 José de Alencar

217. **O Amante de Lady Chatterley**
 D. H. Lawrence

218. **Contos Amazônicos**
 Inglês de Souza

219. **A Tempestade**
 William Shakespeare

220. **Ondas**
 Euclides da Cunha

221. **Educação do Homem Integral**
 Huberto Rohden

222. **Novos Rumos para a Educação**
 Huberto Rohden

223. **Mulherzinhas**
 Louise May Alcott

224. **A Mão e a Luva**
 Machado de Assis

225. **A Morte de Ivan Ilicht / Senhores e Servos**
 Leon Tolstói

226. **Álcoois e Outros Poemas**
 Apollinaire

227. **Pais e Filhos**
 Ivan Turguêniev

228. **Alice no País das Maravilhas**
 Lewis Carroll

229. **À Margem da História**
 Euclides da Cunha

230. **Viagem ao Brasil**
 Hans Staden

231. **O Quinto Evangelho**
 Tomé

232. **Lorde Jim**
 Joseph Conrad

233. **Cartas Chilenas**
 Tomás Antônio Gonzaga

234. **Odes Modernas**
 Anntero de Quental

235. **Do Cativeiro Babilônico da Igreja**
 Martinho Lutero

236. **O Coração das Trevas**
 Joseph Conrad

237. **Thais**
 Anatole France

238. **Andrômaca / Fedra**
 Racine

239. **As Catilinárias**
 Cícero

240. **Recordações da Casa dos Mortos**
 Dostoiévski

241. **O Mercador de Veneza**
 William Shakespeare

242. **A Filha do Capitão / A Dama de Espadas**
 Aleksandr Púchkin

243. **Orgulho e Preconceito**
 Jane Austen

244. **A Volta do Parafuso**
 Henry James

245. **O Gaúcho**
 José de Alencar

246. **Tristão e Isolda**
 Lenda Medieval Celta de Amor

247. **Poemas Completos de Alberto Caeiro**
 Fernando Pessoa

248. **Maiakóvski**
 Vida e Poesia

249. **Sonetos**
 William Shakespeare

250. **Poesia de Ricardo Reis**
 Fernando Pessoa

251. **Papéis Avulsos**
 Machado de Assis

252. **Contos Fluminenses**
 Machado de Assis

253. **O Bobo**
 Alexandre Herculano

254. **A Oração da Coroa**
 Demóstenes

255. **O Castelo**
 Franz Kafka

256. **O Trovejar do Silêncio**
 Joel S. Goldsmith

257. **Alice na Casa dos Espelhos**
 Lewis Carrol

258. **Miséria da Filosofia**
 Karl Marx

259. **Júlio César**
 William Shakespeare

260. **Antônio e Cleópatra**
 William Shakespeare

261. **Filosofia da Arte**
 Huberto Rohden

262. **A Alma Encantadora das Ruas**
 João do Rio

263. **A Normalista**
 Adolfo Caminha

264. **Pollyanna**
 Eleanor H. Porter

265. **As Pupilas do Senhor Reitor**
 Júlio Diniz

266. **As Primaveras**
 Casimiro de Abreu

267. **Fundamentos do Direito**
 Léon Duguit

268. **Discursos de Metafísica**
 G. W. Leibniz

269. **Sociologia e Filosofia**
 Émile Durkheim

270. **Cancioneiro**
 Fernando Pessoa

271. **A Dama das Camélias**
 Alexandre Dumas (filho)

272. **O Divórcio / As Bases da Fé / e Outros Textos**
 Rui Barbosa

273. **Pollyanna Moça**
 Eleanor H. Porter

274. **O 18 Brumário de Luís Bonaparte**
 Karl Marx

275. **Teatro de Machado de Assis**
 Antologia

276. **Cartas Persas**
 Montesquieu

277. **Em Comunhão com Deus**
 Huberto Rohden

278. **Razão e Sensibilidade**
 Jane Austen

279. **Crônicas Selecionadas**
 Machado de Assis

280. **Histórias da Meia-Noite**
 Machado de Assis

281. **Cyrano de Bergerac**
 Edmond Rostand

282. **O Maravilhoso Mágico de Oz**
 L. Frank Baum

283. **Trocando Olhares**
 Florbela Espanca

284. **O Pensamento Filosófico da Antiguidade**
 Huberto Rohden

285. **Filosofia Contemporânea**
 Huberto Rohden

286. **O Espírito da Filosofia Oriental**
 Huberto Rohden

287. **A Pele do Lobo / O Badejo / o Dote**
 Artur Azevedo

288. **Os Bruzundangas**
 Lima Barreto

289. **A Pata da Gazela**
 José de Alencar

290. **O Vale do Terror**
 Sir Arthur Conan Doyle

291. **O Signo dos Quatro**
 Sir Arthur Conan Doyle

292. **As Máscaras do Destino**
 Florbela Espanca

293. **A Confissão de Lúcio**
 Mário de Sá-Carneiro

294. **Falenas**
 Machado de Assis

295. **O Uraguai / A Declamação Trágica**
 Basílio da Gama

296. **Crisálidas**
 Machado de Assis

297. **Americanas**
 Machado de Assis

298. **A Carteira de Meu Tio**
 Joaquim Manuel de Macedo

299. **Catecismo da Filosofia**
 Huberto Rohden

300. **Apologia de Sócrates**
 Platão (Edição bilingue)

301. **Rumo à Consciência Cósmica**
 Huberto Rohden

302. **Cosmoterapia**
 Huberto Rohden

303. **Bodas de Sangue**
 Federico García Lorca

304. **Discurso da Servidão Voluntária**
 Étienne de La Boétie

305. **Categorias**
 Aristóteles
306. **Manon Lescaut**
 Abade Prévost
307. **Teogonia / Trabalho e Dias**
 Hesíodo
308. **As Vítimas-Algozes**
 Joaquim Manuel de Macedo
309. **Persuasão**
 Jane Austen
310. **Agostinho** - *Huberto Rohden*
311. **Roteiro Cósmico**
 Huberto Rohden
312. **A Queda dum Anjo**
 Camilo Castelo Branco
313. **O Cristo Cósmico e os Essênios** - *Huberto Rohden*
314. **Metafísica do Cristianismo**
 Huberto Rohden
315. **Rei Édipo** - *Sófocles*
316. **Livro dos Provérbios**
 Salomão
317. **Histórias de Horror**
 Howard Phillips Lovecraft
318. **O Ladrão de Casaca**
 Maurice Leblanc

Série Ouro
(Livros com mais de 400 p.)

1. **Leviatã**
 Thomas Hobbes
2. **A Cidade Antiga**
 Fustel de Coulanges
3. **Crítica da Razão Pura**
 Immanuel Kant
4. **Confissões**
 Santo Agostinho
5. **Os Sertões**
 Euclides da Cunha
6. **Dicionário Filosófico**
 Voltaire
7. **A Divina Comédia**
 Dante Alighieri
8. **Ética Demonstrada à Maneira dos Geômetras**
 Baruch de Spinoza
9. **Do Espírito das Leis**
 Montesquieu
10. **O Primo Basílio**
 Eça de Queirós
11. **O Crime do Padre Amaro**
 Eça de Queirós
12. **Crime e Castigo**
 Dostoiévski
13. **Fausto**
 Goethe
14. **O Suicídio**
 Émile Durkheim
15. **Odisseia**
 Homero
16. **Paraíso Perdido**
 John Milton
17. **Drácula**
 Bram Stocker
18. **Ilíada**
 Homero
19. **As Aventuras de Huckleberry Finn**
 Mark Twain
20. **Paulo – O 13º Apóstolo**
 Ernest Renan
21. **Eneida**
 Virgílio
22. **Pensamentos**
 Blaise Pascal
23. **A Origem das Espécies**
 Charles Darwin
24. **Vida de Jesus**
 Ernest Renan
25. **Moby Dick**
 Herman Melville
26. **Os Irmãos Karamazovi**
 Dostoiévski
27. **O Morro dos Ventos Uivantes**
 Emily Brontë
28. **Vinte Mil Léguas Submarinas**
 Júlio Verne
29. **Madame Bovary**
 Gustave Flaubert
30. **O Vermelho e o Negro**
 Stendhal
31. **Os Trabalhadores do Mar**
 Victor Hugo
32. **A Vida dos Doze Césares**
 Suetônio
33. **O Moço Loiro**
 Joaquim Manuel de Macedo
34. **O Idiota**
 Dostoiévski
35. **Paulo de Tarso**
 Huberto Rohden
36. **O Peregrino**
 John Bunyan
37. **As Profecias**
 Nostradamus
38. **Novo Testamento**
 Huberto Rohden
39. **O Corcunda de Notre Dame**
 Victor Hugo
40. **Arte de Furtar**
 Anônimo do século XVII
41. **Germinal**
 Émile Zola
42. **Folhas de Relva**
 Walt Whitman
43. **Ben-Hur — Uma História dos Tempos de Cristo**
 Lew Wallace
44. **Os Maias**
 Eça de Queirós
45. **O Livro da Mitologia**
 Thomas Bulfinch
46. **Os Três Mosqueteiros**
 Alexandre Dumas
47. **Poesia de Alvaro de Campos**
 Fernando Pessoa
48. **Jesus Nazareno**
 Huberto Rohden
49. **Grandes Esperanças**
 Charles Dickens
50. **A Educação Sentimental**
 Gustave Flaubert
51. **O Conde de Monte Cristo (Volume I)**
 Alexandre Dumas
52. **O Conde de Monte Cristo (Volume II)**
 Alexandre Dumas
53. **Os Miseráveis (Volume I)**
 Victor Hugo
54. **Os Miseráveis (Volume II)**
 Victor Hugo
55. **Dom Quixote de La Mancha (Volume I)**
 Miguel de Cervantes
56. **Dom Quixote de La Mancha (Volume II)**
 Miguel de Cervantes
57. **As Confissões**
 Jean-Jacques Rousseau
58. **Contos Escolhidos**
 Artur Azevedo
59. **As Aventuras de Robin Hood**
 Howard Pyle